PARIS-Restaurants

Hella Broerken

PARIS-Restaurants

Meine Lieblings-Bistros, Cafés und Brasserien

Bibliografische Information der Deutschen Nationalbibliothek
Die Deutsche Nationalbibliothek verzeichnet diese Publikation in der Deutschen Nationalbibliografie; detaillierte bibliografische Daten sind im Internet über http://dnb.d-nb.de abrufbar.

3., überarbeitete Auflage

Umschlagdesign, Satz, Herstellung und Verlag:
BoD – Books on Demand

ISBN 978-3-7322-2660-3

Inhaltsverzeichnis

Einleitung

Wo soll ich bloß essen, wenn ich in Paris bin? Nicht, dass es zu wenig Restaurants geben würde, im Gegenteil. Ganz Paris scheint nur aus Bistros, Brasseries und Cafés zu bestehen! Wer zum ersten Mal die Hauptstadt der Gourmets besucht, wird regelrecht erschlagen von dem kulinarischen Überangebot. Man kann sich durch die Küchen des ganzen Universums futtern, wenn man will. Marokkanisches Couscous, israelisches Falafel, vietnamesische Kokosnusssuppe, chinesisches Pho, mexikanisches Omelette und immer so weiter... Aus jedem Land, rund um den Globus, ist mindestens ein Koch nach Paris ausgewandert. Überall wird gebrutzelt, gegrillt, gesotten, gebacken, flambiert, geliert und filetiert.

Als orientierungsloser Tourist kapituliert man recht schnell angesichts der unüberschaubaren Möglichkeiten. Auch die Vorschläge in den obligatorischen Reiseführern sind da wenig hilfreich, denn sie weisen immer auf dieselben Etablissements hin, mit dem Resultat, dass alle Touristen dorthin laufen. Das „Deux Magots" gehört dazu, wo die Tasse Kaffee inzwischen an die 6€ kostet. Das „Chartier" wird auch gerne empfohlen. Hier ziehen die Kellner eine regelrechte Show für die Touristen ab, hetzen durch den Saal, rufen laute Kommandos, krakeln schnell, schnell die Rechnung auf die Papiertischdecke. Und so halten sich dann die Vorurteile hartnäckig: Paris ist teuer, die Kellner sind unfreundlich und das Essen alles andere als einer Gourmet-Nation würdig. Das ist die strapazierte, touristische Seite der französischen Metropole.

Und dann gibt es noch das andere Extrem: die Gourmettempel, in denen Chefköche hantieren die Kultstatus genießen. Begnadete Künstler am Kochtopf, verehrt von einer Kundschaft, die gerne wochenlang auf eine Reservierung wartet, und die für filigrane Gebilde auf dem Teller auch schon mal 300€ bezahlt.

Beides ist nicht meine Welt. Ich meide die Touristenlokale und ich brauche keine mit Kaviar gefüllten Zucchiniblüten und Garnelenschwänze an Trüffelschaum.

Meine Bewertungskriterien sind überschaubar. Ich bin schließlich keine Restaurantkritikerin: ehrliche, bezahlbare Bistroküche will ich, gemütliche Atmosphäre dazu, und gratis eine Portion französisches Lebensgefühl. Ist das denn so schwer zu finden?

Man muss die Touristenrouten verlassen, links und rechts in die Straßen und Gassen verschwinden, sich treiben lassen über Boulevards, Plätze und Brücken, und man wird sie entdecken: kleine gemütliche, très französische Bistros, typische Brasseries, deren Stammgäste schon seit Jahrzehnten die Treue halten. Die Cafés, in denen sich Paris trifft, zum Plaudern, zum Zeitunglesen, zum Tête-à-tête, zum Sehen und Gesehen werden.

Auf meinen Streifzügen durch die Arrondissements habe ich unzählige Menükarten studiert, Gaststuben auf Gemütlichkeit und Authentizität geprüft und etliche *plats du jour* (Tagesgerichte) verputzt, die manchmal *horrible* (grauenhaft) schmeckten und manchmal *merveilleux* (wunderbar).

Vor allen Gaumenfreuden steht allerdings die Übersetzung der Speisekarte, wobei die Speisen gerne ein wenig ausschweifend und fantasievoll beschrieben werden. Ein Beispiel: ich bestellte ein Stück Fleisch, welches ich als „eine Münze, die auf der Straße lag“ übersetzte. Die Bedienung fragte, ob ich es *saignant* (blutig), *à point* (halb durch) oder *bien cuit* (durchgebraten) liebe. Aha, dachte ich, ein Steak wird es wohl sein und bestellte es saignant. Was dann auf meinem Teller lag, kann ich kaum beschreiben, weil es mich immer noch würgt, wenn ich daran denke. Es war eine ganze Niere, von welchem Tier auch immer. Als ich sie aufschnitt, quoll ein Schwall Blut heraus und ergoss sich über den beiliegenden Kartoffelbrei. Der Kellner sah mein entsetztes Gesicht, erkundigte sich sofort nach meinem Befinden und ob ich etwas Anderes zu essen wünschte. Aber mir war schlagartig der Appetit vergangen, und er servierte mir schnell einen *café noir* zur Stärkung, entschuldigte sich vielmals über den Missgriff, nahm alle Schuld auf sich, und bezahlten brauchte ich nur den Kaffee. Soviel zum Vorurteil, dass die Pariser Kellner generell unfreundlich sind. Nein, sind sie nicht! Ganz im Gegenteil, wenn man ein paar klitzekleine Regeln beachtet sind sie die nettesten Menschen der Welt.

Zu den Traditionen der Gourmet-Nation gehören einige Etikette, die es einzuhalten gilt. Der Kellner genießt generell einen anderen Status als bei uns. Er ist eine wichtige Person, die einem die schönsten Stunden des französischen Tages (und das sind die, in denen man das Essen einnimmt) so angenehm wie möglich gestaltet, und als solche wird er respektiert.

Von einem Bekannten musste ich mir jüngst die leidige Story über die generell unfreundlichen Kellner in Paris anhören: „Wir hatten uns an einen Tisch gesetzt, immer wieder *garcon* gerufen, meinst du er wäre gekommen? Nein, er hat uns total ignoriert!"

Und da wären wir auch schon bei Regel Nr. 1: Man setzt sich nie an einen freien Tisch! Selbst wenn das ganze Restaurant noch leer ist, wartet man am Eingang stets auf den Platzanweiser.

Regel Nr. 2: Man ruft niemals *garcon* (was soviel heißt wie Kellner-Geselle), sondern immer „Monsieur", „Madame" oder bei jungen Frauen „Mademoiselle" (obwohl zur Zeit in Frankreich diskutiert wird, die Anrede „Mademoiselle" abzuschaffen. Aber das ist eine andere Geschichte...).

Die Pariser gehen sehr höflich miteinander um. Sie werden es erleben: ein „Bonjour, Madame" hier, ein „Pardon, Monsieur" da und ein „Merci, Mademoiselle" bei jeder Gelegenheit. Vokabeln, die sich auch ein Besucher leicht merken kann.

Sie glauben nicht, was ich schon alles an peinlichen Fauxpas ignoranter Touristen beobachtet habe. Beschwerden beim Personal, weil es kein Deutsch spricht, ist da noch die harmlose Variante. Sprechen Kellner in Deutschland eigentlich Französisch? Wer dem Bedienungspersonal höflich entgegenkommt, der wird plötzlich auf Englisch bedient oder sogar auf Deutsch. Ich habe es oft genug erlebt. Und manchmal, wenn keine passenden Vokabeln parat sind, hilft pantomimisches Talent weiter. Da watschelt der einfallsreiche Kellner wie eine Ente vor dem Tisch auf und ab und ruft „quaaaak, quaaak!" Da weiß doch jeder, was für eine Delikatesse auf ihn wartet, und von den Nachbartischen wird die Slaptick-Einlage mit Applaus quittiert.

Für den Parisbewohner ist das Bistro ein zweites Zuhause, das er wahrscheinlich öfter sieht als die eigene Wohnung. Man frühstückt morgens am Tresen und tauscht die ersten Neuigkeiten aus. Man isst dort zu Mittag, meist mit Geschäftsfreunden. Nachmittags trinkt man Tee oder *café crème*, gönnt sich einen Macaron dazu oder eine kleine Pâtisserie, um dann nach der Arbeit in aller Ruhe einen Apéritif einzunehmen, bevor man zum Dîner mit der Familie wiederkommt oder sich mit Freunden trifft.

Warum nennt man das Bistro eigentlich Bistro? Weil die Russen auf Montmartre waren! Es begab sich zu der Zeit, als Napoleon Bonarparte im Zuge der Befreiungskriege um 1815 heftig in die Bredouille geriet. Paris war von russischen Soldaten besetzt. In den Kampfpausen stürmten sie in eine Gaststätte auf Montmartre und riefen jedesmal „Bystro! Bystro!“ Sie wollten sofort bedient werden. Ob das nun der Wahrheit entspricht oder nicht? Man weiß es nicht so genau. Ich habe selbstverständlich recherchiert und meine russische Freundin Anna angerufen: Was heißt eigentlich „schnell“ auf Russisch? „Bystro!“ Aha!

In Frankreich gibt es übrigens zwei Schreibweisen: Bistro und Bistrot, man lasse sich davon nicht irritieren.

In letzter Zeit hat die Wirtschaftskrise auch die Bistros erreicht, und wenn der Franzose am Essen sparen muss, dann wird er ungemütlich. Nicolas Sarkozy hatte in seiner Amtszeit die TVA, die Mehrwertsteuer für Restaurants, drastisch gesenkt, von 19,6% auf 5,5%. Essen und Trinken in Paris sollte dann deutlich preiswerter werden. Ist es aber nicht! Kaum ein Wirt hat die Steuersenkung an seine Gäste weitergegeben. Umso besser für uns Liebhaber der französischen Küche, dass wir uns in diesem Buch den Bistros und Cafés zuwenden, in denen man sein Essen noch bezahlen kann.

Vorher ein paar praktische Tipps:

In den typischen Bistros sitzt man eng an eng, oft auf Tuchfühlung mit den Nachbarn, was sehr unterhaltsam sein kann, wenn man nette Tischgenossen hat. Wenn nicht, nun, dann konzentriert man sich eben auf das Essen…

Restaurants sind etwas vornehmer als Bistros, die Speisekarte umfangreicher und raffinierter. Brasseries haben bis spät in die Nacht hinein geöffnet.

Wenn Sie Ihr Reisebudget nicht unnötig strapazieren wollen, dann nutzen Sie die *„plat du jour“* oder das *„formule“*, Mittagsmenüs, die erheblich preisgünstiger sind als Abends à la carte zu essen.

Achten Sie auf Getränke! Anstatt eine Flasche Wein, lieber ein Glas *(un verre)* bestellen, anstatt Mineralwasser, das kostenlose Tafelwasser *(carafe d'eau)* ordern.

Die Rechnung wird von einem Gast komplett beglichen. Jeder zahlt für sich, so wie bei uns, ist in Paris nicht üblich. Das Trinkgeld ist im Preis bereits enthalten, man lässt aber trotzdem ein paar Münzen auf dem Tisch liegen.

Wenn Sie nur etwas trinken wollen, voilà: am Tresen ist es am preiswertesten, am Tisch schon etwas teurer, und auf der Terrasse kann es noch mehr kosten.

Die Öffnungszeiten am Mittag sind allgemein von 12-15 Uhr. Wer früh kommt, braucht sich in der Regel um einen Tisch keine Sorgen zu machen. Für Abends ist eine Reservierung empfohlen, in manchen Restaurants sogar unumgänglich (kann oft online getätigt werden).

Manche Lokale schließen im August. Da dies aber spontan geschieht oder auch nicht, möchte ich keine definitiven Aussagen machen. Man muss es nehmen, wie es kommt...

Ich wünsche Ihnen eine schöne Zeit in meinen Pariser Lieblings-Bistros, Cafés und Brasserien.

Bon appétit mes amis!

CAFE-RESTAURANT
ASSURANCE BANQUE

Ein Stück altes Paris

Übrig geblieben aus längst vergangen Zeiten, so mutet dieses kleine Eckbistro an, als die Marktbeschicker, Kohlenhändler, Straßenverkäufer, Lastenträger sich nach getaner Arbeit an die wackeligen Holztische setzten und ihre heiße Zwiebelsuppe schlürften. Die Stammgäste aus der Nachbarschaft, nahe der Bastille, kommen nach wie vor, und manchmal verirren sich auch ein paar Touristen hierher und sind dann glücklich, ein Fleckchen altes Paris gefunden zu haben, im *Le temps des cérises.*

Gehäkelte Bistro-Gardinen, zehn einfache Holztische, gekachelter Mosaikfußboden, vergilbte Fotos von Paris anno dazumal an den Wänden, rote Kunstlederbänke. Die gute alte Zeit ist hier noch präsent. Aus den Lautsprechern tönt leise Juliette Grécos „Sous le ciel de Paris" und France Gall trällert „Poupée de cire, poupée de son"...

Das Essen ist köstlich, ehrlich, ohne Chichi, aber fantasievoll nachdem Grégory Detouy vor zwei Jahren das alte Bistro übernommen hat und Küchenchef Pascale Brebant seitdem auch eine Spur Raffinesse auf den Teller zaubert. Die Retro-Dekoration ist geblieben, eine kleine Bürgersteigterrasse kam hinzu, sitzt man hier doch in einer ruhigen Straße, nah an der hektischen Place de la Bastille, aber fern vom Lärm der Stadt.

Nicht geändert haben sich die niedrigen Preise: Mittagsmenüs gibt es schon ab 13€. Abends à la carte bezahlt man rund 30€ für ein dreigängiges Menü. Für Pariser Verhältnisse ein Schnäppchen und ein wohlschmeckendes dazu. Ich denke an die *Rillettes de canard,* die *Terrine au lapin,* die *Tarte à l'orange,* die *Charlotte au chocolat* an den *Salade aux fruits rouge.* Überhaupt sind die feinen Desserts ein Gedicht, sag ich Ihnen!

Le Temps des Cérises (1)
Rue de la Cerisaie 31 (4. Arrondissement)
Metro: Bastille oder Sully-Morland

PLACE
DU LOUVRE
PLACE
DU
LOUVRE

Restaurant *Le Fumoir*

LOVE

Ein klassisches Restaurant

Ich bin schon oft hier vorbeigegangen, auf dem Weg zum Louvre oder zum Palais Royal und habe immer gedacht, das wird wohl eine teure Touristenfalle sein, in dieser extravaganten Gegend. Bis mich eines Tages eine Pariser Freundin in ein Restaurant „très chic" einlud und wir im *Le Fumoir* landeten. Sie hatte einen Tisch reserviert, hinten in der Bibliothek, wo es weniger hektisch zugeht als im großen Saal des Restaurants. Ich war überrascht, nicht nur von dem köstlichen Essen und der wohltuenden Atmosphäre, sondern auch von den akzeptablen Preisen.

Seitdem kehre ich immer wieder gerne hierhin zurück. Mittags gibt es spezielle *formule* (2 Gänge für 20€). Ich mag aber auch die mehrstöckigen Sandwiches oder die Salate zum Sattessen. Wundern sie sich nicht, wenn Ihre Tischnachbarn mit Gutscheinen bezahlen. Viele große Büros und Firmen der Gegend unterhalten keine eigenen Kantinen für ihre Mitarbeiter, sondern geben Gutscheinhefte aus, die beliebig eingelöst werden können. Vielleicht sind auch deshalb die Bistrostühle Mittags in Paris immer gut besetzt.

Auch für ein schönes Dinêr ist das *Le Fumoir* ideal, dann ist eine Reservierung allerdings unumgänglich. Wenn Sie Glück haben, bekommen Sie einen dieser dicken, gemütlichen Ledersessel zugewiesen, die an englische Herrenclubs erinnern. Der große Saal ist im Kolonialstil gehalten, dunkle Holzmöbel, große Ventilatoren, Kerzenschein. Ein köstliches Milchlamm auf dem Teller, Genuss pur und ideal für ein romantisches Essen in Paris, seufz…

Jetzt ist Mittag. Ich habe die wunderbaren Ravioli mit frischen Champignons genossen und bekomme gerade das Dessert serviert, ahhhh: *Tarte pistache et pampelmousse.* Müssen Sie unbedingt probieren, erst dann werden Sie mich verstehen…

Le Fumoir
Rue de l'Amiral Coligny 6 (1. Arrondissement)
Metro: Louvre-Rivoli

Brasserie *Julien*

… einen perfekten Abend

Wenn ich Seezunge essen will – und ich liebe *Sole meunière* – dann gehe ich zu *Julien.* Fisch, Butter, Zitrone, Meersalz, sonst nichts – wunderbar!

Die Brasserie traditionelle à la francaise ist ein Monument historique. Von außen unscheinbar in einem Quartier im 10. Arrondissement gelegen, das eher an die Bronx als an das mondäne Paris erinnert, ist die Überraschung perfekt, sobald man eintritt. Ein Gastraum wie im Film: Art Nouveau mit Stuck im Überfluss, mit dicken Kugelleuchtern, monumentalen Spiegeln, die im Laufe der Jahrzehnte schon etwas trübe geworden sind. Jugendstil-Wandgemälde zeigen *les femmes-fleures* (Blumenmädchen) zu allen Jahreszeiten.

Die Bedienung ist überaus freundlich, ja herzlich geradezu, flink und aufmerksam. Wenn noch irgendwer über die Pariser Kellner meckert, bitte hierher kommen und sich eines Besseren belehren lassen.

Auf der Speisekarte stehen delikate Gerichte zu erstaunlich moderaten Preisen: die Gambas in Mango-Chutney, das Chateaubriand mit Sauce Béarnaise, sehr lecker, und die Seezunge, wie gesagt, ein Lieblingsessen. Die flambierte Crème brûlée oder den *Café gourmand* (Espresso mit mehreren Desserts in Miniportionen) zum Nachtisch, mehr braucht es nicht für einen perfekten Abend mit Freunden, zu zweit oder allein.

Als ich neulich an der Tür stand, auf den Platzanweiser wartete und sagte *„Je suis seule“* (ich bin allein), da schaute er nicht genervt, wie es anderenorts schon mal vorkommen kann, sondern erwiderte sogleich eifrig: Non, non, keineswegs sei ich allein, er und seine Kollegen seien doch für mich da. Und es wurde ein ausgesprochen fröhlicher Abend.

Brasserie Julien
Rue du Faubourg Saint-Denis 16 (10. Arrondissement)
Metro: Strasbourg / St-Denis

Romantisches Tête-à-tête

Für ein schnelles Mittagsmenü ist das Astier eigentlich viel zu schade. Es ist so romantisch hier, an diesem kleinen Platz an der Rue Jean-Pierre Timbaud, fern der lärmenden Boulevards.

Ich denke an einen lauen Sommerabend. Die Terrassentüren sind weit geöffnet, Stimmengemurmel, Lachen, Gläserklirren. Wir sitzen draußen vor der Tür, an schön eingedeckten kleinen Tischen. Kerzen brennen. Der Weißwein ist gut gekühlt. Das Kaninchenfricassée in Senfsauce hat wunderbar gemundet. Dann bringt der Kellner einen Korb voll der allerfeinsten Käsesorten, sicherlich zwanzig an der Zahl. Und man kann sich ein Häppchen Montrachet (Ziegenkäse) abschneiden, ein ordentliches Stück Brie de Meaux und Gruyère de Comté, Reblochon oder Cantal, soviel man will. Früher war eine gut sortierte *Assiette de fromages* obligatorisch als Abschluss einer üppigen Mahlzeit. Heute ist diese Tradition in den meisten Restaurants leider verloren gegangen.

Doch im *Astier* ist man nostalgisch, und das ist schon ein Grund hierher zu kommen. Seit den fünfziger Jahren existiert das Restaurant in der gemütlichen Straßenecke im 11. Arrondissement. Das Ambiente und die Speisekarte wurden in dieser Zeit nur behutsam modernisiert.

4-Gänge-Menüs à la carte du traditionel gibt es schon ab 39€. Die *plat du jour* am Mittag kostet um 20€, und darin ist immerhin eine Vorspeise, ein Hauptgericht und die wunderbare Käseplatte enthalten. Deshalb sollte man reservieren, denn das *Astier* ist nicht sehr groß, die Nachfrage aber schon.

Bei einer Flasche Wein sitzen wir hier noch den ganzen Abend und schauen auf einen lauschigen Platz in Paris. Was gibt es Schöneres…?

Astier
Rue Jean-Pierre Timbaud 44 (11. Arrondissement)
Metro: Oberkampf

Restaurant Astier
44

olle Sauce

am Nebentisch sind verzweifelt. Sie hätten gerne die Speisekarte, und adame in der schön gestärkten weißen Schürze versucht ihnen zu erklä- Karte gibt. Aber die Gäste aus dem fernen Osten lassen nicht locker. mt in Gestalt der Restaurantleiterin, die in einem charmant französisch-englischen erwelsch Klarheit schaffen kann, und jetzt harren die japanischen Gäste gespannt der Dinge, die da angekündigt wurden.

Es gibt nur ein Hauptgericht und das ist inzwischen legendär: ein vorzügliches Entrecôte mit einer geheimnisvollen Sauce, deren Ingredienzen nur die Köchin selber kennt. Das Rezept wird seit zwei Generationen gehütet und mit der Aura des Unantastbaren umgeben, was die Neugier nur umso größer macht. Ich habe etliche Male in meiner heimischen Küche versucht, dem Geheimnis der „sauce fameuse" auf die Spur zu kommen, was mir nie gelang. Mein Sohn Felix kennt das Original und hat nach dem Testessen zu Hause noch jedesmal den Kopf geschüttelt. Aber probieren Sie selbst!

Als *entrée* gibt es immer einen grünen Salat mit Walnüssen. Dann kommt das Entrecôte mit der grünlichen, delikaten Sauce und dünnen Fritten. Eine zweite Portion wird kostenlos nachgereicht.

Danach gibt es auch eine Karte, was nicht nur die Japaner erfreut, sondern alle anderen Gäste ebenso. Man kann zwischen 23 köstlichen Desserts wählen. Uff, ich habe noch nicht alle geschafft, aber ich bin nahe dran…

Le Relais de l`Entrecôte

Rue Saint-Benoit 20 (6. Arrondissement)
Metro: Saint Germain des Prés

RE
le
Rela
de l'
ENTRECOTE

Ein Moment des Glücks

Es gibt Momente des Glücks. In Paris begegnet man ihnen sogar recht häufig.

Es war kalt und es war stürmisch. Ich latschte die endlos lange Rue Championnet entlang, auf der Suche nach einem Laden, den es nicht mehr gab. Es begann zu regnen! Ich schaute verzweifelt umher. Da sprach mich ein freundlicher alter Mann an, nickte in Richtung Bistro *La Renaissance* auf der gegenüberliegenden Straßenseite und meinte, da solle ich doch hinein gehen, es sei sehr gemütlich dort und warm, und es gäbe heute Schweinefilet mit Kartoffelbrei. „Merci, Monsieur!" Ich war gerettet!

Man tritt ein, und schon ist es da, das Glücksgefühl. Ein imposanter, alter Holztresen mit polierter Marmorplatte, ornamentale und florale Glasmalereien, Deckenfresken, altmodische Säulen, geometrischer Kachelfußboden, schönes Holzmobiliar, rote Bänke aus Kunstleder, Spitzengardinen. Dieses Bistro ist seit seiner Eröffnung im Jahre 1903 gut gepflegt worden und in Würde gealtert.

Die Touristenrouten führen hier nicht vorbei, ein Glücksfall, sind die Besitzer doch nie in Versuchung gekommen, ihr Etablissement nach Touristengeschmack aufzupolieren. Deshalb ist es so geblieben, wie es seit der letzten Modernisierung vor über 80 Jahren war. Generationen der Montmartrois sind hier eingekehrt, in ihr beliebtes Bistro de quartier, ihrem zweiten Zuhause.

Ich setze mich in die Ecke, neben einen betagten Radioempfänger und lasse mir das Tagesgericht für 13.50€ schmecken, *Souté de veau au calvados avec purée maison.*

„Auf Ihrem Stuhl hat auch schon Brad Pitt gesessen", die junge Kellnerin strahlt mich an.

Es hat mich nie verwundert, den Spuren von Albert Camus in der Brasserie Balzar begegnet zu sein, oder von Simone de Bauvoir im Café Flore, von Hemingway in der Brasserie Lipp und, und und… schließlich war Paris immer Tummelplatz der Künstler, und die haben ihre Tage vornehmlich auf irgendwelchen Bistro- und Caféstühlen verbracht.

Aber Brad Pitt hier im hintersten Zipfel von Montmartre? „Oui, oui!" Quentin Tarantino habe hier eine Szene für seinen Film Inglorious Basterds gedreht. Überhaupt habe das Bistro mit seinem authentischen Art Déco-Interieur schon häufig als Filmkulisse gedient, erfahre ich weiter. Lange bevor Hollywood anklopfte ist die französische Filmelite hier ein- und ausgegangen. Claude Chabrol, Vincent Cassell, Lino Ventura, Julie Delpy, Daniel Auteuil, Jean-Louis Trintignant, Philippe Noiret, Sophie Marceau, …und das sind nur die Namen, die Kellnerin Sophie ad hoc so einfallen. 1974 ist hier bereits der erste Film gedreht worden, mit Romy Schneider in der Hauptrolle. Ich sitze inmitten eines überaus beliebten Filmsets.

Die wechselnden Besitzer haben dies nie zu Werbezwecken ausgeschlachtet. Wenn man beobachtet, wie Touristenhorden aller Herren Länder inzwischen das „Café des deux Moulins", auf der anderen Seite der Butte Montmarte heimsuchen, wo die fabelhafte Welt der Amelie gedreht wurde, kann man nur dankbar sein.

Also, meine lieben LeserInnen: genießen Sie die Atmosphäre längst vergangener Zeiten, das hervorragende Entrecôte in Rotwein, das Lachssteak in Petersiliensauce, die Crème de Champignon und die Ananas-Mango-Tarte. Aber erzählen Sie es bitte nicht weiter, denn dieses Bistro liegt auf keinem Touristenpfad. Man muss die Adresse kennen!

Bistrot la Renaissance

Rue Championnet 112 / Ecke Rue du Poteau (18. Arrondissement)
Metro: Jules Joffrin

11e Arrt
RUE
DE
CHARONNE
e bar à soupes
chaque jour
6 soupes différentes
prix sur place
formule déjeuner
(servie de 12h à 15h)
9,90€
- 1 soupe et son petit pain
- 1 salade ou 1 assiette de
fromage ou 1 dessert

Moderne Suppenküche

Auf dem Weg zu dem alten Bistro „Chez Paul“ an der Rue de Charonne kam ich eines Tages an der quietschgelben Fassade der *Bar à Soupes* vorbei, und just in diesem Moment ging die Tür auf. Ein wunderbarer Duft meiner Kindertage nach Omas Steckrübeneintopf stieg mir in die Nase. Was für eine feine Idee doch hinter dieser fröhlich gelben Fassade realisiert wurde!

Jeden Morgen eilt Anne-Catherine Bley zum Wochenmarkt des Quartiers, dem Marché d'Aligre, schaut, was an frischen saisonalen Gemüsen angeboten wird, lässt sich von Kohlköpfen und Wurzeln, Tomaten und Paprika, Fenchel und Spargel, Knoblauch und Kräutern inspirieren und zaubert am Vormittag, mit Hilfe ihres Küchenchefs, aus allen bunten Zutaten sechs verschiedene Suppen.

Im Winter herzhaft-würzige Seelenwärmer mit Käse und Speck und Fleischbällchen. Im Sommer leichte, milde Süppchen aus Obst, Gurken, frischer Minze, die man vor Ort an kleinen Tischchen im winzigen Restaurant genießen kann.

Mal schauen was heute, am 5. März, in Madame Bleys sechs Suppentöpfen so brodelt:

- *Soupe du marché,* eine herzhafte Gemüsesuppe
- *Patisson au colombo,* Kürbissuppe
- *Soup aux séleris et au poulet,* Selleriesuppe mit Hühnchen
- *Tomates aux poivrans rouges,* Tomaten-Paprikasuppe
- *Centills carot au lait de coco,* Linsensuppe mit Kokosmilch
- *Carottes à l'orange,* Möhrensuppe mit Orangen

Um die 8€ kostet eine duftende, köstliche Mahlzeit, von Madame Bley persönlich serviert.

Le Bar à Soupes
Rue de Charonne 33 (11. Arrondissement)
Metro: Ledru Rollin oder Bastille

75d

o de quartier

mittags über den Marché d´Aligre geschlendert bin oder einen langen Spa- über die Promenade plantée hinter mir habe, dann gehe ich Mittags zielstrebig und frühzeitig (also kurz nach 12 Uhr, denn schon eine halbe Stunde später sind alle Tische besetzt) ins *L`Ébauchoir,* ein Bistro de quartier, was bedeutet, dass die Marktverkäufer nach getaner Arbeit, die Bewohner des Faubourg-Viertels und die Arbeiter und Angestellten der Gegend in ihrer Mittagspause zahlreich hierher eilen.

Küchenchef Thomas Dufour hat schon früh am Morgen auf dem benachbarten Markt frische, saisonale Zutaten besorgt. Cuisine du marché gibt es bei ihm, köstliche Gerichte, vom Angebot des Marktes inspiriert. Seine Speisekarte wechselt, wie das Gemüse in den Kisten der Marktbeschicker.

Ach, ich liebe es an den einfachen Holztischen zu sitzen, bei einer „*Terrine de gâteau de riz à la grand-mère*“ und einer Flasche Badoit und der quirligen Gästeschar zuzusehen. Es wird palavert, gelacht, gestikuliert, gerufen, und natürlich gegessen: *Carrés d´agneau au romarin, Entrecôte à la bordelaise, Filet d`Espadon, Fois de veau* oder frische Dorade und knackige Salate. Das *formule* am Mittag kostet rund 14€ und besteht aus *entrée, plat* und *dessert,* also Vorspeise, Hauptgericht und Nachspeise.

Jetzt ist Herbst, Pilzsaison, und aus der Küche wabern Gerüche herüber, die mir das Wasser im Munde zusammenlaufen lassen. Ich bleibe heute mal bis zum Schluss (14:30 Uhr). Die Tische sind voller Baguettekrümel, zusammengeknüllte Servietten, leere Teller, Gläser und Karaffen. Der Küchenchef ist zufrieden und seine Gäste sind es auch: „A demain!“ ruft man sich zu: „Bis morgen!“

L´Ébauchoir
Rue de Citeaux 43-45 (12.Arrondissement)
Metro: Ledru-Rollin

BISTROT

VINS DES PYRÉNÉES
VINS DES PYRÉNÉES
BRUNCH
LE
DIMANCHE
RESTAURANT
BISTROT

Perfekte Mittagsmenüs

Zuerst habe ich gedacht, dies sei die rote Fassade einer Weinhandlung mit Namen *Vins des Pyrénées*, bis ich dann eines schönen Sonnentages die Bistrostühle und Tische auf dem Trottoir bemerkte. Der Küchenchef stand in der Eingangstür. Vom Fenster aus dem dritten Stock gegenüber rief jemand: „Salut! Wie ist das boeuf heute?" „Excellent", lautete die Antwort. „Ich komme gleich rüber", rief der Mann am Fenster. Da konnte ich nicht anders, ich wollte das excellente *boeuf* auch probieren.

Der Küchenchef hatte nicht übertrieben, das *boeuf en cocotte* (Rindsragout für 13€) schmeckte ganz wunderbar. Auch das Dessert verdiente meine uneingeschränkte Begeisterung: aufgeschichtete, dünne, knusprige Teigblätter, dazwischen Erdbeeren und Sahnecreme. Wie gut, dass ich von Natur aus schlank bin. Kalorien können mich nicht schocken. Den obligatorischen Wein zum Mittagessen muss ich aber ablehnen, weil sonst für den Rest des Tages der Eiffelturm vor meinen Augen schwankt. Da muss ich mich der französischen Tradition leider entziehen...

Das *Vins des Pyrénées* ist ein altes Bistro, wie man es in Paris erwartet. An den Wänden vergilbte Fotos aus dem Familienalbum. Die Regale voller Trödel, eine zerbeulte Trompete, ein Brautpaar in der Schneekugel, Pokale, Uhren, eine Holzkaffeemühle – ein dekoratives Sammelsurium. Die Holztische und Stühle stehen auf altem Mosaikfußboden. Blümchentapete und grüne Weinranken unter dem Deckenstuck sorgen für ein trés französisches Ambiente.

Traditionelle Gerichte der Bistroküche stehen auf der Speisekarte, einfach und gut zubereitet. Perfekt für das *formule* (Tagesmenü) am Mittag.

Vins des Pyrénées
Rue Beautreillis 25 (4. Arrondissement)
Metro: Saint Paul

Ein idyllischer Platz

Ich habe eine Zeit lang gleich um die Ecke von der Place Marché Sainte-Catherine gewohnt, im Sommer, was ein Fehler war, habe ich doch nachts kaum ein Auge zugetan. Der kleine „Dorfplatz“ im Marais-Viertel ist von Restaurants und Bistros quasi umzingelt, und alle greifbaren Stühle stehen draußen, vor den Bistrotüren, hunderte an der Zahl. Das fröhliche Lachen und Parlieren hallte von allen Häuserwänden und vereinigte sich zu einem mittleren Orkan. So habe ich es empfunden, als ich dort wohnte. Wenn man aber mittendrin im Getümmel sitzt, ist es wunderbar! Das *Au Bistrot de la Place* wurde in dieser Zeit zu meinem zweiten Wohnzimmer.

Das Essen ist so là là, also durchschnittliche, unaufgeregte Bistroküche, deshalb bestelle ich mir stets nur eine Salatplatte. Für die Gaumenfreude komme ich nicht hierher. Aber die Atmosphäre genieße ich immer wieder, bei Tomaten, Mozzarella, einem Glas Wein und nur bei schönem Wetter, wenn ich einen freien Blick auf den kleinen, lebendigen Platz habe. Straßenkünstler bieten kostenlose Showeinlagen. Liebespaare treffen sich zum Tête-a-tête auf den Parkbänken. Ein betagter, sehr elegant gekleideter Mann im weißen Anzug und mit Panamahut, führt seinen Hund spazieren. Die Nachbarn stellen ihre vollen Einkaufstaschen ab und halten erst einmal ein Schwätzchen.

In der kalten Jahreszeit sind die Terrassen der Bistros mit Plastikplanen verhängt und mit Gasstrahlern beheizt, dann lohnt es sich nicht, hierher zu kommen. Denn, wie gesagt, essen kann man woanders besser. Der Platz ist die eigentliche Attraktion. Durch Plastikplanen auf kahle Bäume und nasse Bänke zu schauen ist nicht so prickelnd. Aber Sommertage auf der Place du Marché Sainte-Catherine werden Sie genießen…

Au Bistrot de la Place
Place du Marché Sainte-Catherine (4. Arrondissement)
Metro: Saint Paul

THEATRE DE LA MAGIE

PAUL

Ein altes Bistro

Die Pariser lieben ihre alten Bistros, in denen sich bitteschön auch nichts ändern soll, weder an der Speisekarte noch an dem Interieur. Alles soll so bleiben wie es immer war, denn so ist es gut, daran hat man sich gewöhnt. Das Bistro ist eine verlässliche Konstante im Leben der Parisiens. Natürlich probiert man zwischendurch auch Neues aus, ein schickes, durchgestyltes Restaurant hier, die experimentellen Gerichte eines jungen Küchenchefs dort. Aber man kehrt immer wieder in sein altes Bistro zurück, als wäre es ein Stück Heimat.

Das *Chez Paul* im Quartier Faubourg, gleich hinter der Bastille, ist so ein heimeliger Ort, ein Bistro traditions. Es wurde 1900 eröffnet, nicht im damals überschwänglichen Jugendstildekor, sondern mit schlichtem, gekacheltem Mosaikfußboden und einfachem Holzmobiliar. Madame Paul hatte dann 1940 eine geradezu revolutionäre Idee und ließ eine Telefonkabine installieren, die heute noch existiert, als nostalgisches Überbleibsel, allerdings ohne Funktion. Auch der alte, stets blankpolierte Küchenherd ziert immer noch einen der drei Gasträume, in denen man sich fühlt, wie am Küchentisch einer Familie zu Großmutters Zeiten.

Auch auf der Speisekarte stehen konsequent traditionelle Gerichte: *Steak tartare, Pot au feu, Entrecôte grillée, Filet de boeuf, Confit de canard, Foie gras, Ile flottante, Tarte tartin, Profiterôles, Baba au rhum, Assiette de fromages…* Ein Drei-Gänge-Menü a la carte gibt es ab 27€. Mittags werden preiswerte *formule* serviert. Für den Abend sollte man unbedingt reservieren.

Chez Paul
Rue de Charonne 13 (11. Arrondissement)
Metro: Bastille oder Ledru-Rollin

Eine traditionelle Brasserie

Wir kennen uns schon lange, die *Brasserie Balzar* und ich. Und der Zufall spielte, wie so oft, eine Rolle dabei. Ich wollte mir eines nebelgrauen Tages im Restaurant „Bouillon Racine" ein üppiges Mittagsmahl gönnen. Voll froher Erwartung stand ich in der Tür, sagte höflich „Ein Tisch für eine Person bitte". Der Chef des tables schaute hinter mich, auf der Suche nach einem imaginären Begleiter, fragte dann etwas konsterniert: „Sie sind ganz allein?" „Ja, ist das ein Problem?" Er zog die Brauen hoch, rollte die Augen zur Decke und atmete hörbar ein: „Non, pas de problème!" Ich bekam einen Tisch zugewiesen, direkt neben der Eingangstür, und jedesmal, wenn sie öffnete, trug eine kalte Windböe meine Serviette hinfort. Als ich dann keinen Wein, sondern nur Wasser bestellte, verlor der Kellner für einen Moment die Contenance und knallte die Wasserflasche, für alle Restaurantgäste gut hörbar, auf meinen Tisch. „Au revoir, Monsieur!" das Bouillon Racine mit seinem kitschigen Jugendstildekor und der gestressten Bedienung kann mir gestohlen bleiben...

Der Hunger trieb mich dann über den Boulevard Saint Michel in die Rue des Écoles, wo die rote Leuchtschrift „Brasserie Balzar" mich einlud, einen neuen Anlauf zu wagen. „*Je suis seule*", (ich bin allein) klang es nun schon ein wenig mutloser aus meinem Mund. „Oui, bien sûr, dann wollen wir aber mal einen schönen Tisch für Sie aussuchen!" Monsieur in langer weißer Schürze, weißem Hemd und schwarzer Weste ging voran, lud mich herzlich ein, Platz zu nehmen, fragte woher ich komme, empfahl mir das exzellente Fischgericht und goss mir aus der Wasserflasche so formvollendet mein Glas ein, als ob ich den teuersten Chablis bestellt hätte. Er erkundet sich zwischendurch immer mal wieder, ob es schmeckt, ob auch alles in Ordnung sei, ob ich eine Zeitung wolle. Die Sonne ging auf, der Tag war gerettet.

Diese erste Begegnung ist Jahre her, als es noch ein Abenteuer war, einen Einzeltisch zu bekommen. Heute ist dies normalerweise kein Problem mehr.

BRASSERIE
BALZAR
BALZAR
BRASSERIE
BALZAR

Die *Brasserie Balzar* ist seitdem eine gute Freundin, ein Hort der kultivierten Essensfreude für mich geblieben.

Im Gegensatz zu den großen Sälen der anderen Brasseries wie Bofinger, Flo oder Alcazar, ist es hier eher gemütlich und intim. Spiegel täuschen eine Weite vor, die es nicht gibt und dienen auch dazu, die anderen Gäste perfekt beobachten zu können.

Die Speisekarte ist sehr auf Tradition bedacht, ebenso wie das edle Ambiente. Jean-Paul Sartre und Albert Camus haben in den 40er Jahren oft hier zusammen zu Mittag gegessen, an den schönen Holztischen, die auch heute noch eingedeckt werden. Es wird seit eh und je die beste *Gratinée* (Zwiebelsuppe) serviert, eine wundervolle *Gigot d'agneau* (Lammkeule), ein vorzüglicher *Raie au beurre* (Rochen in Butter geschwenkt) und eine begnadete *Baba au rhum* (alkoholgetränkter Hefekuchen). Gerichte à la carte gibt es ab 12€. Es werden keine speziellen Mittagsmenüs angeboten.

Meine letzte Begegnung: gegen 12 Uhr bin ich da. Es ist noch relativ leer, so kann ich meinen Beobachtungsposten beziehen und der Dinge harren, die da kommen. Die Kellner mit ihren fast bodenlangen Schürzen stehen am Eingang. Langsam treffen die Stammgäste ein, zumeist Professoren der benachbarten Sorbonne. Sie werden namentlich begrüßt, ein wenig Smalltalk zwischen Tür und Tisch, manchem wird sogleich die Tageszeitung *Le Figaro* in die Hand gedrückt, und dann bespricht man in aller Ruhe die Menüfolge, wobei das aufmerksame Personal die Vorlieben der Gäste kennt und entsprechende Empfehlungen gibt.

Bei schönem Wetter sitzt man am besten an der großen Glasfront mit Blick auf die lebhafte Rue des Écoles. Hier ist es gut, hier will ich sein...

Brasserie Balzar
Rue des Écoles 49 (5. Arrondissement)
Metro: Cluny-La Sorbonne

Restaurant *Les Éditeurs*

urant
brunch

…sort in St.Germain

…main des Prés mangelt es nun wirklich nicht an Cafés, Bistros und Brasseries. … sich hier, im 6. Arrondissement, Einheimische und Touristen zahlenmäßig die …ge halten, ist es immer und überall voll, teuer oder beides.

Ich bummle zu gerne den Boulevard St. Germain entlang, sehe mich hier und da in kleinen Modeboutiquen um, stöbere in Buchläden und sitze auf Café-Terrassen und schaue Paris beim Paris-Sein zu.

Wenn ich Hunger bekomme steuere ich zielstrebig *Les Éditeurs* an, mein Lieblingsrestaurant in dieser Gegend. Es ist voll – meistens – aber es ist nicht zu teuer. Ich liebe die hausgemachte Pasta mit Lachs (16,50€) und eine *Baba au rhum* (6,50€) als schnelles Mittagessen, und wenn ich früh eintreffe, habe ich auch noch jedesmal einen Platz auf einem der dicken roten Sessel bekommen. Für den Abend sollte man allerdings unbedingt reservieren, denn die Pariser lieben dieses Restaurant ebenfalls.

Das imposante Gebäude im Haussmann-Stil dominiert den Carrefour de l`Odéon, die Terrasse davor erstreckt sich auf eine stattliche Breite. Auf zwei Etagen befinden sich wohl an die hundert Sitzplätze. Es gibt gemütliche Ecken, Nischen, Emporen, und an den Wänden ziehen sich meterlange Bücherregale entlang. Man kann hier den ganzen Tag lang sitzen, lesen, essen, trinken…

Ich liebe es besonders im Juli und August, wenn halb Paris in die Sommerfrische ausgeflogen ist und es im *Les Éditeurs* ruhig und beschaulich zugeht. Dann gibt es Salate zum Sattessen (Grandes salades für 16€), kühle Getränke, und ich will gar nicht mehr weg!

Les Éditeurs
Carrefour de l`Odéon 4 (6. Arrondissement)
Metro: Odéon

D.E.H.O.
PHUKET

Bistro *Le Progrès*

AMSTEL BIERE
Le Progrès
LE PROGRES
Estaminet
RUE YVONNE LE TAC
CAFE
BISTROT
LIMONADE

Eckbistro auf Montmartre

In diesem typischen Eckbistro ist die letzten 30 Jahre sicher nicht renoviert worden. Die Patina von zigtausend Gitanes und Gauloises taucht den Gastraum in ein schönes, warmes, dunkles Ocker. Heutzutage ist die Luft hier allerdings rein, denn in den französischen Lokalen herrscht striktes Rauchverbot.

Das Holzmobiliar, der Kachelfußboden, die großen Fenster, durch die man wunderbar das bunte Straßentreiben beobachten kann, perfekt: so muß ein Montmartre-Bistro sein. Eine Spezies, die leider vom Aussterben bedroht ist. Nicht, dass es keine Gasthäuser hier oben auf Montmartre mehr geben würde, es sind unzählige, aber die meisten sind vom Tourismus beschlagnahmt, mit den leidigen Auswirkungen: schlechtes, überteuertes Essen.

Auf der Schiefertafel werden heute zehn Sorten *Quiches* und *Tartines* angeboten, wahlweise mit Schinken oder Ziegenkäse, Thunfisch, Mozzarella, Zwiebeln und allerlei Gemüsesorten. Kosten jeweils mit Salat 12€. Okay, beim Schokoladendessert gibt es Punkteabzug, da hab ich schon wesentlich bessere gegessen.

Alles in allem ist das alte Eckbistro *Le Progrès* kein kulinarischer Überflieger, aber ich komme trotzdem gerne hierher, wegen der Atmosphäre drinnen und draußen.

Wer nach dem Essen Kalorien abtrainieren will, braucht sich nur die Treppenkaskaden hoch nach Sacré Coeur zu schwingen. Wenn der Magen allerdings zu voll ist für Hochleistungssport: die Haltestelle vom kleinen Montmartrobus befindet sich gleich gegenüber des Bistros.

Le Progrès
Rue des Troi Frères 7 (8. Arrondissement)
Metro: Abbesses

MISTINGUETT
BOISSONS CHAUDES
NOS VINS
LE PROGRES

RESTAURANT JAPONAIS
ラーメン
LĀMEN HIGUMA
1e Arr.t
RUE SAINTE-AN
VOIE OUVERTE EN L'HONNE
D'ANNE D'AUTRICHE - REINE DE
1601 - 1666
ラーメン

Feurige Wok-Küche

Es schneite in Paris wie schon seit Jahren nicht mehr, und ich schnatterte vor Kälte bei meinem Streifzug zur das Opéra-Quartier. Da sah ich hinter beschlagenen Fensterscheiben einer Garküche Feuer und Dampfwolken aufsteigen und dachte, da drinnen muss es schön warm sein. So habe ich das *Higuma* entdeckt, ein japanisches Wok-Restaurant. Man sitzt quasi in der Küche. Die zahlreichen Köche hantieren mit Kellen und Kochlöffeln herum, und je nachdem, was gerade im Wok landet, zischt und brodelt es, dampft und flammt. Alles wird frisch und in Minutenschnelle zubereitet. Japanische Nudel- und Reisgerichte mir viel Gemüse, Enten-, Schweine- oder Hühnchenfleisch. Wie köstlich das alles dufte und auch schmeckt...

Geöffnet hat das *Higuma* mittags ab zwölf Uhr, und bereits um kurz vor eins bildet sich eine lange Schlange hungriger Gäste auf dem Bürgersteig davor. Obwohl sich in der Rue Saint-Anne noch etliche weitere japanische Restaurants befinden, ist das *Higuma* am beliebtesten, und warum? Zum Einen, weil das japanische Fernsehen einmal über das Wok-Restaurant in Paris berichtet hat, zum Anderen, weil das Essen frisch ist, preiswert noch dazu, und vor allem: weil es schmeckt! Zudem ist die Zubereitung der Speisen ein durchaus sehenswertes Spektakel: laut, hektisch, feurig...

Wer es ruhig und beschaulich mag ist hier, umgeben von der Aura einer Werkskantine, allerdings fehl am Platz.

Mein Lieblingsgericht: Nikuyasai itame, gebratene Nudeln mit Gemüse und Schweinefleisch für 7,50€.

Ein komplettes Menü gibt es schon ab 10€.

Higuma
Rue Sainte-Anne 32 (1. Arrondissement)
Metro: Pyramides

LA TARTINE

Bistro/Weinbar *La Tartine*

Feine Brote und Pasteten

Ich bin in Westfalen aufgewachsen, da gab es zum Abendessen Butterbrote mit Leberwurst. Und als ich erfuhr, dass es im *La Tartine* herzhafte Brote mit allerlei Pasteten gibt, war ich sofort dorthin unterwegs. Seitdem bin ich oft wiedergekommen.

Es ist Sonntagmittag. Unter der brauen Markise laden gemütliche Korbstühle zum Verweilen ein, allerdings nur hartgesottene Raucher, denen die Autoabgase dann auch nichts mehr anhaben können. Wir befinden uns direkt an der Rue de Rivoli, und hier tobt der Verkehr Tag und Nacht. Aber drinnen, im *La Tartine*, ist es ganz wunderbar: ein schöner Holztresen, dicke Ballonleuchten, ein alter Mosaikboden, gemütliches Mobiliar in warmen Farbtönen, Eisensäulen, Spiegel und Stuck.

Die betagte Madame mit ihrem Malteser-Hündchen ist auch wieder da. Bei einer Tasse *Café au lait* liest sie hier gerne ihre Tageszeitung, während Hund Jacques den Landschinken probieren darf. Sie sind Stammgäste, wie viele andere auch, die hier täglich hereinschauen, in Ruhe eine Kleinigkeit essen, ein Glas Wein trinken, ein wenig plaudern. „Heute gehen wir ganz groß essen," sagt ein Großvater zu seiner kleinen Enkelin an meinem Nachbartisch. Das Mädchen reibt vor Aufregung die Hände aneinander und darf die Bestellung aufgeben. Grandpère bekommt Brot mit Sardellen, Zitronenstückchen und einen Ballon Rouge (Rotwein) serviert, das Mädchen Brot mit Paté, Cornichons und eine Orangina, und dann wird jeder Bissen zelebriert. Ein Moment der Glückseligkeit.

Das Brot kommt frisch von *Poilâne,* dem besten Bäcker in Paris. Die feinen Pasteten sind hausgemacht. Es werden auch normale Gerichte der Bistroküche angeboten, aber ich wähle hier nur immer die köstlichen belegten oder überbackenen Brote.

La Tartine

Rue de Rivoli 24 (4. Arrondissement)

Metro: Saint-Paul

LA TARTINE
VINS ET TARTINES
LA TARTINE
BON APPETIT

Pasta in Paris

Mein Sohn Felix, ein Pizza- und Pasta-Feinschmecker par excellence, lässt für eine Pizza bei *Caruso* (siehe Buch PARIS-Spaziergänge) und überbackene Nudeln bei *Fuxia* alles andere stehen und liegen, was da so auf den französischen Speisekarten steht.

Pasta in unglaublich vielen Variationen wird hier serviert und dazu knackige Salate, echter italienischer Espresso und eine Panna Cotta zum Dahinschmelzen.

Wenn Sie mit jungen Leuten unterwegs in Paris sind: sie werden dieses Restaurant lieben! Das Ambiente ist cool, die Musik rockig, die Bedienung fröhlich und flott, oft sind dies Studenten aus ganz Europa. Katrin aus Wien zum Beispiel. Sie lebt für drei Monate in Paris, um Französisch zu lernen und finanziert ihren Sprachaufenthalt auf diese Weise. „Es macht Spaß. Ich lerne hier im Restaurant besser Französisch als in der Schule," kommentiert sie lachend und jongliert Antipasti, Brochettes und Lasagne durch die Stuhlreihen.

Mein Lieblingsgericht: Rigatoni al Pomodoro und zum Dessert den *Café gourmand*, bestehend aus einem Espresso und kleinen Schälchen mit Tiramisu und Panna Cotta.

Es gibt mehrere Fuxia-Restaurants in Paris, wobei mir das im Marais-Viertel am besten gefällt. Denn nach dem Essen kann man gleich zu einem Rundgang über die Seine-Inseln starten...

Fuxia-Épicerie

Rue Francois Miron 50 (4. Arrondissement), Metro: Saint Paul

Weitere Filialen:
- Place du Marché St. Honoré 42 (1. Arr.), Metro: Pyramides
- Rue des Martyrs 25 (9. Arr.), Metro: Notre Dame de Lorette
- Rue Jean Poulmarch 15 (10. Arr), Metro: Jacques Bonsergent
- Ave. Raymond Poincaré 91 (16. Arr), Metro: Victor Hugo
- Place du Docteur F.Lobligeois 69 (17. Arr.), Metro: Rome

Bistro *Au vieux Colombier*

U VIEUX COLOMBIER

Ein typisches Eckbistro

Dies ist so ein typisches Eckbistro, wie es in jedes Quartier gehört. Morgens, auf dem Weg zur Arbeit, wird am Tresen schnell ein *café noir* getrunken, und wer Zeit und Muße hat, vertieft sich in die Tageszeitung. Mittags kommen die Angestellten der umliegenden Geschäfte und Büros auf einen Salat vorbei. Zur Shoppingpause am Nachmittag, wenn die Stühle mit Einkaufstüten vollgepackt sind, gönnt man sich einen Café/Cognac. Und nach Feierabend trifft man sich auf ein Glas Rotwein oder ein Cocktail am *Zinc* (Tresen), diskutiert das Tagesgeschehen und nimmt eine kleine Mahlzeit ein, ehe es nach Hause geht. Das Alltagsleben pulsiert im *Au vieux Colombier* besonders heftig, denn es hat von morgens früh bis spät in die Nacht hinein geöffnet.

Die Bürgersteigterrasse ist schmal und verglast, wie ein Wintergarten mit Panoramablick. So sitzt man bei schlechtem Wetter geschützt und bei Sonnenschein draußen, wo einem die Autofahrer direkt auf den Teller schauen können.

Ich bekomme gerade einen *Croque Monsieur* serviert, mit *frites* und Salat. Hier sind die *Croques*, ein typisches Pariser Bistrogericht, so wie sie sein sollen: knusprig, mit saftigem Landschinken gefüllt und mit viel Käse überbacken.

Auch die anderen Gerichte, Steak/frites, Lachs-Tartar oder Lammcurry, sind einfach, gut und preiswert.

Am Haus nebenan flattert die Tricolore im Sommerwind. Eine Verkäuferin der Boutique gegenüber balanciert ein Tablett mit mehreren Kaffeetassen über den Zebrastreifen. Ich könnte hier stundenlang in den gemütlichen Korbstühlen sitzen und schauen, was das Pariser Straßenleben so zu bieten hat…

Au vieux Colombier

Rue de Rennes 65 (6. Arrondissement)

Metro: Saint Sulpice

ITALIA
HOHNER

Bistro *Le Vieux Belleville*

Chansons für alle

In dem kleinen Bistro, hoch oben über dem Parc de Belleville, habe ich das Gefühl, das noch nichts touristisch aufgearbeitet wurde. Alles ist sehr pariserisch geblieben, so wie es war und so wie es sein soll. An der alten Holztheke trinken Bewohner des Quartiers ihr abendliches Bier. Die langen Tischreihen, mit den rot-weiß karierten Tischdecken ziehen sich in das schmale Gebäude hinein, und sind schnell besetzt. Man sitzt Ellbogen an Ellbogen. Edith Piaf und Maurice Chevalier grüßen in Lebensgröße von der Wand. Und damit sind wir auch schon bei der Hauptattraktion: Hier werden abends Chansons gesungen, mit Leidenschaft und Freude, ohne Bühne und Mikrofon, aber mit Akkordeon.

Minelle, die Chansonnière, betritt den Raum, bunte Latzhose und Blume im Haar, verteilt Zettel mit Liedertexten und los geht's. Ihre schöne Stimme hallt bis nach draußen auf die Terrasse. Meine Tischnachbarn links und rechts schmettern voller Inbrunst mit „Paris, sera toujours Paris" von Maurice Chevalier. Lieder von Tino Rossi, Jacques Brel, Yves Montand, Juliette Gréco… sie kennen alle! Und wenn Minelle beim Repertoir von Edith Piaf angelangt ist, kann ich endlich auch mitsingen, und meine Tischnachbarn freuen sich darüber und nicken mir aufmunternd zu.

Patron Joseph kommt regelmäßig mit der Flasche Hauswein vorbei und füllt unsere Gläser. Das Menü zu 28€ besteht heute aus verschiedenen Salaten, Ravioli mit *Roquefort* oder *Andouillette* (gebratene Kuttelwurst) und rotem Fruchtsorbet, schlichte und einfache französische Hausmannskost.

Die Stimmung ist großartig, und Minelle packt ihr Akkordeon noch lange nicht ein…

Le Vieux Belleville

Rue des Envierges 12 (20. Arrondissement)
Metro: Pyrénées (abends besser mit dem Taxi fahren)

PARIS PAS CHER 2002
Sodexho
01 41 25 26 27
moneo
nova
RECOMMANDÉ
GUIDES PETIT FUTÉ
recommandé par
PARIS PAS CHER
1996
Ticket
Restaurant
LE DUO
NOS VOISINS SONT NOS AMIS...
SOYEZ SYMPAS ... COMME EUX
EN NE FAISANT PAS TROP DE BRUIT
A L'EXTERIEUR
Si on chantait! orgue de barbarie

Fröhliche Kooperative

Eigentlich wollte ich ins benachbarte Bistro, aber bis dahin bin ich gar nicht gekommen. Lärmende, lachende Menschen verließen das *Cérises* mit der abblätternden dunkelroten Fassade, hoch oben auf der Buttes aux Cailles, blieben vor mir stehen und meinten, ich könne jetzt hineingehen, es sei gerade ein Tisch frei geworden. Also ging ich hinein und dachte: Wo bin ich denn hier gelandet?

Es herrscht ein unglaubliche Geräuschkulisse, mittags gegen 13 Uhr. Parlieren, Lachen, Essen, die Lieblingsbeschäftigung der Franzosen ist im vollen Gange. Jeder scheint jeden zu kennen. Die Tische sind zu langen Tafeln zusammengeschoben. Schüsseln voller Fleisch und Fritten stehen darauf, viele Wasserkaraffen und noch mehr Weinflaschen.

„Was wird hier gefeiert?" frage ich den jungen Kellner, der einen Tisch zur Seite schiebt, damit ich dahinter Platz nehmen kann. „Nichts", lacht er, das sei der normale Alltag hier oben auf der Buttes aux Cailles.

Das Bistro wird von einer Arbeiterkooperative des Quartiers geführt, und wo kein Chef ist und alle gleichberechtigte Besitzer sind, ist jeder mit vollem Einsatz dabei und tut, was er kann: kellnern, kochen, kassieren…

Antoine hat seinen Posten auf einem Barhocker hinter der Kasse bezogen. Bei ihm kommt keiner vorbei, ohne ein scherzhaftes Wort und gute Wünsche für den Tag. Claude kümmert sich um die *Boissons* (Getränke), hat den Zapfhahn, die Weinflaschen und die ewig zischende Kaffeemaschine fest im Griff. Drei gut gelaunte Kellnerjungen mit langen auberginefarbenen Schürzen schleppen Berge von Tellern und Schüsseln durch die engen Reihen, und schon wieder öffnet sich die Luke in der Küchentür: *„deux canard!"* ruft eine Stimme dahinter.

Als *formule* (Tagesgericht) für 12€ gibt es heute Entenschenkel in Pfeffersauce mit Fritten und zum Dessert eine Apfertarte mit Zimt-Zucker-Kruste. „Sieht nicht schön aus, ist aber lecker", kommentiert der *garcon,* dessen Gesicht inzwischen die Farbe seiner Schürze

M20

angenommen hat, denn er läuft unermüdlich hin und her, und ständig wird ihm lobend auf die Schultern geklopft. Es ist sein erster Arbeitstag, und er strahlt vor Freude.

Die Mahlzeiten werden ohne Schnickschnack zubereiten und schmecken köstlich. Die Mitglieder der Arbeiterkooperative haben sicher in den Rezeptbüchern ihrer Eltern und Großeltern geschmökert, denn manches altbewährte Gericht erfährt hier, in der kleinen Küche, eine Renaissance, wie der wunderbare *Potage de légumes* (Gemüseeintopf) oder das *Joues de cochon braisées à l'ancienne* (geschmortes Schweinefilet).

Der Gastraum ist liebevoll-chaotisch dekoriert. Tischdecken und Servietten sind auberginefarben wie die Kellnerschürzen. Die Wände haben eine dunkle Patina angenommen, sicherlich schon zu Zeiten als noch kräftig geraucht werden durfte. Plakate, alte Fotos und Zettel heften an den Wänden, hängen von der Decke und kleben auch sonst überall, denn das Bistro ist nicht nur zum Essen und Trinken da, sondern dient zudem als Informationsbörse.

Und der Name *Le temps des cérises* (die Zeit der Kirschen) ist der Titel eines bittersüßen Chansons aus dem 19. Jahrhundert, in dem es um Liebe, Solidarität und die Sehnsucht nach Freiheit geht.

„*A bientôt*", (bis bald) ruft Antoine mir nach „und Grüße nach Deutschland!" Hier wird jeder Gast wie ein guter Freund behandelt – klingt kitschig – ist aber so!

Le Temps des Cérises (2)
Rue de la Buttes aux Cailles 18-20 (13. Arrondissement)
Metro: Corvisart oder besser Bus Nr. 67 Halt „Verlain"

In der Rue Saint Dominique

Vor etwa zehn Jahren tuckerten wir mit einem Hausboot über den Canal du Midi in Südfrankreich und gingen in Castelnaudary eines schönen Abends an Land. Der Schleusenwärter hatte uns ein Restaurant empfohlen und uns noch nachgerufen, wir müssten unbedingt das Cassoulet probieren, dabei Daumen und Zeigefinger zu einem Kreis geschlossen und mit einem Schmatzer vor die Lippen geführt. Und es war die reinste Gaumenfreude! Zuhause habe ich versucht, diesen wunderbaren Eintopf aus verschiedenen Fleischsorten, Wurst, Speck und weißen Bohnen nachzukochen: ein Desaster!

In Paris bin ich dann auf die Suche nach dem perfekten Cassoulet gegangen und habe es in der Rue Saint Dominique gefunden. Zunächst in der **Brasserie Thoumieux** (Nr. 79) die aber inzwischen den Inhaber, die Karte und das Ambiente gewechselt hat. Wer vornehm speisen will und einen Ort für einen besonderen Abend sucht, der entsprechend teuer werden kann, ist hier dennoch richtig.

Für das Cassoulet gehen wir jetzt aber ein Stück weiter in Richtung Eiffelturm, bis zur **Fontaine de Mars** (Nr. 129), ein Bistro typique, mit karierten Tischdecken und flinken Kellnern. Seitdem Präsident Obama mit seiner Frau Michelle hier gespeist hat, kommen die amerikanischen Touristen in Scharen. Wen das stört, sollte sich nur auf das hervorragende Cassoulet konzentrieren.

Zwei Adressen, nur ein paar Häuser weiter, kann ich Ihnen auch wärmstens empfehlen. Sternekoch Christian Constant besitzt hier zwei Domizile, das **Violon d'Ingres** (Nr. 135), wo feine, raffinierte Gerichte den Gaumen erfreuen.

Dann das **Café Constant** gleich nebenan (Nr. 139), das authentische französische Bistroküche bietet. Die Pariser lieben die außergewöhnlichen Kreationen von Christian Constant.

Und nach dem Essen, egal in welchem der vier Restaurants, macht man einen schönen Verdauungsspaziergang zum nahen Eiffelturm.

www.thoumieux.fr / www.fontainedemars.com / www.maisonconstant.com

THOUMIEUX
HOTEL
PROVOST
COIFFURE
LAVERIE
SFR

Restaurant *Crêperie Beaubourg*

Crêpes bis zum Abwinken

Crêpes in mannigfachen Variationen, Crêpes-Buden, Crêpes- Restaurants, in Paris gibt es sie massenhaft. Aber oft schmecken die dünnen Pfannkuchen einfach grauenvoll, nach Schuhsohle mit Puderzucker…

Um alle schlechten auszusortieren benötige ich Jahre, also musste wieder einmal eine waschechte Pariserin her. Madame Pinaud, meine Vermieterin, nennt mir fünf Insider-Adressen, die ich bis zum Bauchschmerzgrenze getestet habe. Und hier ist mein Favorit: die *Crêperie Beaubourg*!

Am liebsten sitze ich auf der großen Außenterrasse. Und wenn ich Ihnen jetzt die Aussicht beschreibe, werden Sie mich verstehen. Wir beginnen mit einem Schwenk nach links und schauen direkt auf die *Église* (Kirche) Saint Merri. Auf den Treppenstufen davor sitzen müde Stadtwanderer und genießen die warme Sonne. Unser Blick gleitet nach rechts über ein haushohes Graffito von Jef Aerosol zur Fontaine Stravinsky, wo die bunten, mechanischen Figuren von Niki de Saint Phalle rattern, plätschern, spritzen und rotieren.

In unserem Blickfeld rechts liegt unübersehbar die gigantische Fassade des Centre Pompidou. Doch die moderne Kunst muss noch warten, jetzt konzentrieren wir uns zuerst einmal auf die köstlichen Crêpes. Es gibt an die 30 Sorten, süße ab 5€ und herzhaft-pikante ab 7€. Mein Favorit ist mit Schinken und Ziegenkäse gefüllt, wird mit Salat serviert, und heißt „Crêpe Touraine“.

Ein Blick hinüber zum Centre Pompidou: die Warteschlange vor dem Eingang ist nicht kürzer geworden. Da bestelle ich mir doch noch einen Crêpe, diesmal mit frischen Erdbeeren, köstlich…

Crêperie Beaubourg
Place Stravinsky/Ecke Rue Brisemiche (3. Arrondissement)
Metro: Rambuteau

BADO

ENTREES
Salade d'epinard au chèvre
Carpaccio de thon
Petite friture d'Eperlans
Brouillade de pleurotes
Poêlée de champignons
PLATS
Foie de veau aux pommes
Magret de canard au romarin
Souris d'agneau braisée
Farcis provençaux
Risotto d'épeautre et ses Saint-Jacques
Bar grillé au pistou
Thon à la provençale
Brandade de morue
Gambas flambées au Pastis
Daube de sanglier à la provençale
marius
Schpountz
JACQUES
TATI

Der Duft der Provence

An dieses wunderbare Bistro denke ich oft, wenn ich nicht in Paris bin, sondern irgendwo, an irgendwelchen Restauranttischen dieser Welt. Wie schön es doch sein kann, an warmen Sommerabenden draußen zu sitzen, auf dem kleinen, Baum bestandenen, versteckten Platz im Maraisviertel, mit einem Apéritif vor sich, natürlich einem Pastis. Das *Chez Janou* hat unglaubliche 80 Sorten Pastis auf der Getränkekarte. Man trinkt ihn pur oder auf Eis, selten mit Wasser verdünnt, es sei denn, es handelt sich um den beliebten „Mauresque", ein Getränk aus Pastis, Mandelmilchsirup und Wasser.

Oder wie gemütlich es ist, nach einem Regenschauer im kalten November an diesen warmen, freundlichen Ort zu kommen, wo einem von den Wänden fröhlich gemalte Filmfiguren anlachen und der Patron mit einem Bonbonglas von Tisch zu Tisch geht, um den trüben Novembertag ein wenig zu versüßen. Hier existiert die Möglichkeit von Glück, wenigstens für den Augenblick.

Die Speisekarte in diesem charmanten, alten Bistro ist très provencale, südfranzösisch also. Gegrillte Gambas mit Pastis flambiert (18€), leckere Fleisch- und Fischgerichte mit vielen frischen Kräutern, wie *Magret de canard au romarin* (Entenbrustfilet mit Rosmarin) für 16€ oder den gegrillten Thunfisch für 17€. Und die Mousse au chocolat wird in einer großen Glasschüssel immer mal wieder vorbeigebracht, man kann sich nehmen soviel man will.

Auf der Terrasse stehen Keramiktöpfe mit Olivenbäumchen, und in der warmen Jahreszeit verströmt der Duftlavendel einen Hauch von lauen Sommernächten der Provence.

Chez Janou
Rue Roger Verlomme 2 (3. Arrondissement)
Metro: Chemin Vert

Restaurant *Chez Lena et Mimile*

L.M
L.M
2
Chez Léna et Mimile
RESTAURANT
RESTAURANT

Logenplatz im Quartier Latin

Ich habe jüngst wochenlang im Quartier Latin gewohnt, ohne das wunderbare Bistro de Charme von Lena und Mimile gesehen zu haben. Erst der Tipp eines echten Parisien, des Concierges meiner Mietwohnung, hat mich dorthin geführt. Es liegt etwas versteckt. Man muss von der Rue Mouffetard aus die Passage des Postes durchschreiten, eine Unterführung an deren Mauern sich einige Graffiti von Jef Aerosol befinden. Nach wenigen Metern geht man rechts um die Ecke, und schon leuchten einem die roten Markisen des Restaurants entgegen. *Chez Lena et Mimile* liegt erhöht vor einem kleinen Park, auf einem Hügel mit wunderschöner Sonnenterrasse. Ein Logenplatz im Quartier Latin.

Am Küchenherd zaubern Hervé This und Christèle Gendre aussergewöhnliche Gaumenfreuden. Frische Zutaten bester Qualität werden raffiniert und simpel zugleich zubereitet, wie das Camembert-Fondue mit Äpfeln und Calvados, wie die Pasta mit Auberginen, Paprika, Zucchini und Mango-Pesto, wie das Kalbfleich-Fricassée mit Pampelmusen oder das Hibiscussorbet. Jeder Gang ist ein ganz besonderes Geschmackserlebnis.

Ein *formule* zum Mittag wird auch angeboten, denn das Lehrpersonal aus dem umliegenden Schulen sind treue Gäste. Zuletzt gab es Eperlans mit Sauce Tartare und *Pommes d'Anglais* für 11.50€, wobei ich nicht wusste, was Eperlans überhaupt sind. Ich habe mich einfach überraschen lassen und mich bemüht, nicht an blutige Nieren zu denken oder an sonstige Innereien, die der Franzose gerne mal verspeist. Kurzum: es waren köstliche, knusprig gegrillte kleine Meeresfische.

Chez Lena et Mimile
Rue Tournefort 32 (5. Arrondissement)
Metro: Place Monge

Das Ei in der Hauptrolle

Ich wusste nicht, dass man Ei auf so vielfältige Weise zubereiten kann, wie es bei *Eggs & Co (Coco&Co)* täglich geschieht. Ein Restaurant nur mit Eiergerichten auf der Speisekarte, kann das gut gehen in Paris? Oh ja! Der kleine „Hühnerstall" in Saint Germain des Prés hat sich bei Parisern und Touristen fest etabliert. Beim täglichen Brunch herrscht Hochbetrieb. Ich komme deshalb jenseits der normalen Essenszeiten, so gegen 12 oder um 17 Uhr, dann ist immer ein Plätzchen frei.

Betritt man das winzige Restaurant, schaut man gleich in die offene Küche, wo stets jemand dabei ist, mit dem Schneebesen Eier aufzuschlagen. Die steile Treppe – einer Hühnerleiter nicht unähnlich – führt eine Etage höher, wo sich zwei kleine Gasträume befinden. Der hintere ist so niedrig, dass man unwillkürlich den Kopf einzieht. Und jetzt schauen Sie sich um: In die Wand des Fachwerkhauses wurde ein Hühnerstall eingelassen, Hähne, Hennen, Nester, Stroh, Futterstelle, alles ist da, als lebloses Modell allerdings, gegackert wird nicht...

Überhaupt die Deko: Salz-und Pfeffersteuer in Eierform, ebenso die Lampen. Stühle, Decken, Wände und der Holzfußboden sind eierschalenweiß. Bilder an den Wänden zeigen glückliche Hühner, stylisch aber nett!

Die Omeletts sind wunderbar fluffig und in über zwanzig Variationen erhältlich, gefüllt mit Champions de Paris, mit Trüffel, mit Landschinken, mit Lachs, mit frischen Kräutern...

Es gibt *brouillés*, *cocottes* oder *quiches*. Ein frischer Salat gehört dazu, gebackene Kartoffeln oder geröstete Baguettes mit Parmesan. Zum Nachtisch ein hausgemachter Joghurt. Satt werden kann man hier schon für 15€.

Eggs & Co
Rue Bernard Palissy 11 (6. Arrondissement)
Metro: Saint Germain des Prés

Eggs&Co.
Eggs&Co.
COCO&CO
Restaurant
EMOTIONS
ACHATS
DÉPOTS
VENTES
ON AIR
Salle à l'étage

Meeresfrüchte-Restaurant

An diesem schönen kleinen Platz im Opéra-Quartier drängen sich gleich drei wunderbare Restaurants. Zwei davon gehören Gérard Depardieu, dem weltberühmten Schauspieler und Feinschmecker. Die Fontaine Gaillon ist sein Stammsitz, sehr vornehm, sehr teuer und sehr lange im Voraus ausgebucht. Sein kleiner Ableger ist *L'Écaille de la Fontaine* in dem es nur Muscheln, Meeresfrüchte und Fisch gibt.

Gérard Depardieu ist ein Genussmensch und als Restaurantbesitzer, Hobbykoch und Feinschmecker kommt ihm nur die allerbeste Qualität ins Haus: Austern von Henri und Lobster von Yves aus Quiberon in der Bretagne, die besten Prawns von Jean-Claude aus der Vendée und Langusten von Gilles, dem englischen Fischer. Gerard Dépardieu hat sie alle persönlich ausgesucht, ist mit ihnen raus auf's Meer gefahren und weiß, um welche Uhrzeiten sie ihre Fänge machen und dass sie nur wenige Stunden später mit ihren Lieferwagen am Place de Gaillon in Paris vorfahren.

Am liebsten genieße ich, an dicke Polster gelehnt, die Muschelsuppe mit Safran und ein paar schöne Langusten mit Remouladensauce. Austern, die viele Gäste hier genüsslich schlürfen, sind nicht so mein Ding. Qualität hat ihren Preis. Hauptgerichte gibt es erst ab 19€.

Manchmal steht der berühmte Mime sogar selber am Herd, und wenn nicht, kann man ihn trotzdem sehen: an den Wänden hängen Fotos aus seinem bewegten Leben.

Die Pariser sind zur Zeit „sauer" auf den exzentrischen Schauspieler, hat er seinen Hauptwohnsitz doch aus steuerlichen Gründen nach Belgien verlegt und sogar die russische Staatsbürgerschaft angenommen. Ich bin gespannt, ob seine Restaurants die kollektive Empörung überleben werden, die über ihn hereinbrach...

L'Écaille de la Fontaine
Rue Gaillon 15 (2. Arrondissement)
Metro: Opéra

l'Ecaille de la fontaine
RUE
AILLO
HUITRES ET COQUILLAGES
Coté par
ZAGAT
MICHELIN
2008

Frisches Fastfood

Wer nur kurze Zeit in Paris ist und so viel wie möglich sehen will, der möchte nicht Stunden an Restauranttischen verbringen, ganz klar. Auch mir geht es manchmal so, dann muss Fastfood her. Denken Sie jetzt nicht an Hamburger und Co. oder an matschige Sandwiches mit undefinierbarem Inhalt, die findet man schließlich überall auf der Welt. In Paris, so nahe bei den Gourmets, wollen wir die feine Küche genießen, auch wenn es schnell gehen muss. Dafür gibt es den idealen Ort: *Cojean* am Louvre.

Klares, kühles Interieur, minimales Design, kleine Zen-Gärtchen auf der Fensterbank. In der Saftmaschine rotieren frische Früchte. Eine Klaviersonate dringt leise aus den Boxen. Ein Ort der Ruhe im Großstadtgewühl. Hinter schalldichten Fensterscheiben läuft draußen das Touristenspektakel ab. Man schaut vorn auf die volle Längstseite des Louvre und seitlich, an der Kirche Saint Auxerrois vorbei, auf die Rue de Rivoli.

Und das Essen? Alles frisch, die Salate knackig, die Sandwiches, Baguettes und Wraps, je nach Wunsch belegt und gefüllt mit Zutaten, die morgens in der Früh vom Großmarkt in Rungis angeliefert werden. Zum Frühstück gibt es Bircher Müesli und den ganzen Tag über Sandwiches, Toasts, Bio-Salate, Suppen, Säfte, Fruchtsalate, Risottos und vegetarische Lasagne.

Das einzige Manko: die Öffnungszeiten sind nichts für Frühaufsteher…

2001 wurde nahe der Madeleine, in der Rue de Sèze, das erste Cojean eröffnet. Inzwischen gibt es noch weitere Filialen in Paris, aber die am Louvre hat die schönste Aussicht. Meine letzte Rechnung: frischgepresster Früchtesaft 4,50€, Mini-Baguette mit Grünzeug und Ziegenkäse 2,90€, cake carotte 2,90€.

Ein komplettes Frühstück inkl. Bio-Kaffee kostet 6,50€ .

Cojean
Place du Louvre 3
Metro: Louvre/Rivoli

Le loir dans la théière

Höhle zum Reinkuscheln

Wie eine Teestube aus der Hippiezeit: verschlissene Ledersessel, so weich, dass man Mühe hat, wieder aufzustehen, ein Sammelsurium von Holzstühlen, die jeden Flohmarktbesucher erfreuen würden. Love & Peace-Poster und Wandgemälde aus Alice im Wunderland. Eine Höhle zum Reinkuscheln ist dieses Lokal mitten im Marais.

An den Wochenenden ist der Eingang stets von einer Menschentraube umlagert, die auf freie Plätze wartet. Aber in der Woche kann man hier wunderbar pausieren.

Ich sitze gerne gleich vorne links neben dem Eingang, in der kleinen Nische, auf dem drehbaren Holzstuhl, der aus einem Chicagoer Detektivbüro der zwanziger Jahre stammen könnte.

Man kann hier frühstücken, zu Mittag essen (das Wok-Gericht mit Gemüse und Hähnchen für 13€ ist sehr empfehlenswert), aber die Stammgäste kommen eigentlich hierher, um Tee zu trinken und die sagenhaften Kuchen des Hauses zu genießen.

Das große Buffet, rechts an der Wand, präsentiert jeden Tag verschiedene frisch gebackene, prächtige Exemplare, wie Feigenkuchen, Apfelcrumble, Quarktorte mit Schokoladen und Weintrauben, und natürlich die berühmte Zitronen-Baiser-Torte. Auf den warmen Bananenkuchen mit Walnüssen freue ich mich jedesmal. Dazu ein duftender Jasmintee, perfekt!

Zuletzt war ich hier an einem Sonntagmorgen. Es regnete in Strömen, und ich konnte die Rue Saint Antoine nicht überqueren, weil gerade ein Volksmarathon stattfand und kein Ende in Sicht war. So frühstückte ich im *Loir dans la théière,* gemütlich wie immer, aber über den Preis war ich dann doch etwas konsterniert: 17€ für ein *petit déjeuner* ist mir zu happig. Am Nachmittag, zur Teestunde, komme ich aber gerne wieder.

Le Loir dans la théière
Rue des Rosiers 3 (4. Arrondissement)
Metro: Saint Paul

Abseits der Hektik

Ein Sommertag in Saint Germain des Prés. Massen flanieren den Boulevard entlang, bevölkern die Bürgersteigterrassen der Bistros und Cafés, drängen sich in Boutiquen und Brasserien. Touristen und Einheimische bilden einen unendlichen Menschenstrom, der sich vom Boulevard Saint Germain aus in alle Seitenstraßen ergießt. An solchen Tagen, wenn die Garcons im Deux Magots und Café Flore einen Schritt schneller laufen müssen und ihre langen Schürzen hektisch flattern, meint man, keine Chance zu haben, hier noch ein gemütliches Plätzchen zu finden. Doch jetzt lernen Sie einen Ruhepol im sonst so nimmermüden Saint Germain kennen.

Unser Ziel ist eine kleine Passage, an deren Eingang in der Rue Mazarine man einfach vorbeilaufen kann, ohne ihn zu registrieren. Also aufgepasst, er befindet sich direkt neben der Zufahrt zu einem Parkhaus, und schon stehen Sie vor dem Salon de thé mit Namen *L`heure Gourmand.*

Vier Gartentische vor der Tür auf Kopfsteinpflaster. Ein gigantischer Feigenbaum filtert das Sonnenlicht. Grünpflanzen rundherum, warme Atmosphäre drinnen. Man öffnet die Eingangstür und steht schon mal direkt vor dem Kuchenbüffet: Käsekuchen mit Rosinen, Schokoladentorte, Cranberryküchlein, und Apfel-Aprikosen-Clafoutis mit Rharbarberkompott. Dazu einen Tee meiner Lieblingssorte *Marco Polo* bestellt, dann den Stapel Zeitschriften nach Vogue oder Elle durchwühlt und der Hektik eine Pause gönnen. Voilà, so einfach ist das!

L`heure Gourmande

Passage Dauphine 22 (6. Arrondissement)

Metro: Odéon

SALON de THÉ
L'heure Gourmande
RESTAURATION CHOISIE
L'heure Gourmande
SALON de THÉ
RESTAURATION CHOISIE

FRANCE
BONAPARTE

Café und Salon de thé *Ladurée*

Süße Verführungen

Es gibt drei elegante Cafés, bzw. Salons de thé von *Ladurée*, dem Erfinder der Macarons (nicht zu verwechseln mit Makronen, an denen man sich bei uns schon mal die Zähne ausbeisst). Nein, Macarons sind zartschmelzende, süße Verführungen, die von Paris aus in liebevoll verpackten Schächtelchen die weite Welt erobern.

Ladurée an den Champs Èlysées ist stets belagert von reichen Scheichs mit ihrem Gefolge, die in den nahen Luxushotels residieren. *Ladurée* in der Rue Royale ist immer proppevoll und zudem eng. Da nützen auch Goldstuck, Lüster und Deckengemälde wie bei Sonnenkönigs Zuhause nichts, hier bekomme ich Platzangst.

Bleibt noch das schöne alte Geschäft an der Rue Bonarparte, wobei man auch nicht Sonntags hierher kommen sollte, wenn sich die Warteschlange den ganzen Bürgersteig entlang zieht. Aber Alltags gibt es Platz genug in den drei herrlichen Räumen im Stil des Second Empire.

Die Pâtisserie wird in Frankreich als Kunst angesehen, und eines der berühmten Kunstobjekte ist der Macaron von *Laduree*. Jedes Frühjahr und im Herbst wird eine neue Geschmacksrichtung kreiert, von der Pariser Bevölkerung sehnsüchtig erwartet.

Zur Zeit gibt es an die 50 verschiedene Sorten dieses berühmten *petit-four* (Kleingebäck). Die Farbpalette reicht von dunkellila über manch kräftige Farben und viele zarte Pastelltöne. Ich liebe den Macaron Rose, oder die Geschmacksrichtungen Jasmin-Mango, Bergamotte, und, und und…

Für vier Macarons nach Wahl und einem Tee, stilvoll im Silberkännchen serviert, zahlt man 12,70€. An der Verkaufstheke können Sie sich dann noch einen Vorrat für Zuhause hübsch einpacken lassen.

Laduree
Rue Bonaparte 16 (6. Arrondissement)
Metro: Saint Germain des Prés

Tartine
Prunille

Café *Verlet*

Ein Kaffeehaus

Das *Café Verlet* ist eine Institution, aber glücklicherweise wissen dies nur die Parisiens, denn die Touristen befinden sich ganz in der Nähe bei „Angelina", von allen Reiseführern dorthin gelockt. Wir sind hier auf der Rue Saint Honoré. Designerläden aller Orten, prächtige Restaurants überall, einladende Cafés und Salons de thé noch und noch, alles schrecklich vornehm und teuer. Haben Sie gerade ein Tüchlein bei Hermès, eine Handtasche bei Louis Vuitton, rotbesohlte Schuhe bei Christian Louboutin und ein, zwei Kleider bei Yves Saint Laurent gekauft und müssen erst einmal zusammenrechnen, was Ihre Kreditkarte noch hergibt, dann rein ins *Café Verlet*, die Holztreppe hoch, ans Panoramafenster gesetzt, einen der köstlichen Tees aus China, Japan, Indien bestellt, oder einen frisch gemahlenen Kaffee aus besten brasilianischen Bohnen, und schon legt sich eine wunderbare Ruhe auf das vom Shoppen strapazierte Gemüt.

Das *Café Verlet* ist ein traditionelles Kaffeehaus. Hier zischt keine hypermoderne Espressomaschine sondern dampft und blubbert noch die alte, bewährte Kaffeemaschine, die für das richtige Aroma sorgt. Jede Tasse wird aus frisch gerösteten Bohnen zubereitet, beste Sorten von handverlesenen Plantagen, die vor allem Arabicabohnen anbauen.

Sie werden es merken, schon beim Betreten des Hauses, so ein herrlicher Kaffeeduft wird Ihnen so schnell nicht wieder in die Nase steigen.

Auf der anderen Straßenseite, auf Nr. 231, befindet sich übrigens der kleine Laden des Meister-Chocolatiers *Jean-Paul Hévin*. Hier sollten sie sich mal ein Stück Schokoladenkuchen gönnen, und Sie werden dahinschmelzen…

Café Verlet

Rue Saint-Honoré 256 (1. Arrondissement)

Metro: Palais Royal/Musée du Louvre

MAMIE GÂTEAUX
66
SALON DE THE

Wie in Omas guter Stube

Ein trüber Dezembertag in Paris. Ich bin noch geblendet von der unglaublich flirrenden, glitzernden, strahlenden Weihnachtsdekoration im Kaufhaus *Le Bon Marché* und schlendere ziellos die Rue du Cherche Midi hinauf. Es ist erst Nachmittag aber schon dunkel. Das grüne Kreuz einer *Pharmacie* blinkt unermüdlich. Gegenüber locken mich zwei große, hell erleuchtete Fenster an. Man schaut an spitzengeklöppelten Gardinen vorbei direkt in die gemütliche Stube von *Mamie Gateaux.*

Auf einem blank gescheuerten Küchenherd steht ein Weidenkorb voller grüner Äpfel, daneben ein betagter Wasserkessel und ein alter Holzkaufladen en miniature. Eine große Standuhr dient als Bücherregal. Auf langen Borden entlang der Wände reihen sich bunte Keramikschüsseln. Eine antike Anrichte präsentiert die Kuchenauswahl des Tages: Apfel-Feige, Pflaumencrumble, Aprikostentarte, Schokotarte. Der Tee *Melange de Mamie* schmeckt wunderbar dazu. An den feinen Holztischen sitzt man wie in Großmutters guter Stube.

Dieser schöne, ruhige *Salon de thé* ist etwas ganz besonderes, weil die Spezialitäten des Hauses, die Kuchen und Quiches, einmalig gut schmecken und die Atmosphäre so wohltuend unpretiös ist.

Die hausgemachten Konfitüren in abenteuerlichen Geschmacksrichtungen kann man kaufen, ebenso wie Süßes aus eigener Herstellung. Die Zitronenbonbons in kleinen Holzschachteln von *Mamie Gateau* mag meine Mama besonders gern. Ich bringe ihr jedesmal einen kleinen Vorrat davon mit…

Mamie Gateaux
Rue du Cherche Midi 66 (6. Arrondissement)
Metro: Sèvres-Babylone

Üppig frühstücken

Frühstück in Frankreich, das bedeutet: ein Croissant in den Kaffee gestippt… und fertig!. Die eiligen Parisiens erledigen dies mal eben so im Vorbeigehen an der Theke ihres Bistros um die Ecke, auf dem morgendlichen Weg zur Arbeit. Mir reicht das inzwischen auch, wobei ich betonen muss, dass die Croissants in „meiner" Boulangerie einfach himmlisch schmecken und kein Vergleich sind, mit den gummiartigen, fettigen Gebilden bei uns.

Aber manchmal gelüstet es mich doch nach einem üppigen Frühstück mit allem Drum und Dran, dann zieht es mich entweder in die Bio-Bäckerei *Le Pain Quotidien,* davon gibt es gleich mehrere Filialen in Paris: **www.lepainquotidien.com**

Oder ich gehe zu *Claus* („*Cloüs*", wie der Franzose sagt).

Claus Estermann, ein Deutscher, hat erkannt, dass Touristen gerne üppig frühstücken wollen. Bei ihm gibt es (alles bio) frischgepresste Fruchtsäfte, selbstgemachte Konfitüren, ordentlich Butter auf´s Brötchen, Schinken und Käse, gekochte Eier. Seine kleine Épicerie und der Gastraum im 1. Stock sind hell, nüchtern und günstig gelegen, unweit vom Louvre.

Ein winziger Platz zum Frühstücken versteckt sich in der Nähe des Canal Saint Martin, in der Rue Lucien Sampaix 15, *Bob´s Juice Bar* **www.bobsjuicebar.com** Zehn Kunden und der Laden ist voll! Hier ist auch alles bio, aber vegetarisch oder vegan. Mein Smoothy, frisch und vitaminbombig, kommt direkt aus dem Mixer: Ananas, Banane, Orange, Minze, Mango… Dazu einen noch warmen Blaubeermuffin oder einen Bagel mit frischen Feigen… und man ist energiegeladen für den ganzen Tag.

Claus

Rue Jean-Jacques Rousseau 14, (1. Arrondissement),
Metro: Louvre/Rivoli

Confitures
Miels
Gelées
Fruits secs
Mueslis
Céréales
Granolas
Thés
Cafés
Infusions
Chocolats
Jus de légumes
Jus de fruits frais
Limonades
Pains
Viennoiseries
Biscuits
Muffins
Cakes
Scones
Biscottes
CLAUS
l'épicerie du petit-déjeuner

Café *Marly* am Louvre

Sehen und gesehen werden

An einem November-Sonntagnachmittag im *Café de la Mairie* am Place Saint Sulpice. Alle Stühle auf der Bürgersteigterrasse sind besetzt, denn die Parisiens sitzen nun mal gerne draußen und lassen sich auch von widrigen Jahreszeiten nicht davon abhalten. Mantel, Schal, Hut, ein heißer Kaffee und ein Cognac schützen vor Kälte, oder man gruppiert sich unter Gasstrahlern wie die Motten ums Licht.

Rechts neben mir beobachtet ein junger Mann die Szenerie und kritzelt unermüdlich in sein Moleskin. Schade, ich kann seine undeutliche Handschrift nicht entziffern und muss raten. Was wird er so eifrig aufschreiben wollen? Dass sich die Litfasssäule mit den aktuellen Filmplaketen dreht und alle paar Sekunden der französische Superstar Vincent Cassel mit Gangsterblick zu uns herüber schaut? Dass der Brunnen auf dem Kirchplatz gewaltige Wasserkaskaden über die steinernden Löwen ausschüttet? Dass eine Gruppe Jäger mit geschulterten Gewehren an uns vorbeizieht (ein wahrlich surrealistischer Moment an einem Sonntag in Saint Germain)? Dass auf einem wackeligen Holzhocker ein Sammelteller steht (für wen oder was?) gefüllt mit Münzen und einem MERCI auf Pappe geschrieben? Dass im Laden *La Pastorale* Hochbetrieb herrscht zwischen christlichen Devotionalien und nebenan, bei *Yves Saint Laurent*, das Personal gelangweilt vor der Ladentür Zigaretten raucht? Dass eine Frau im Pelzmantel und hochhackigen Stiefeln an uns vorbei stolziert, die aussieht wie Cathérine Deneuve, von einer Parfumwolke umhüllt?

Ja, die Pariser Cafés sind zum Schauen da, und man möchte viele Augenblicke festhalten, im Tagebuch oder im Gedächtnis. Hier einige meiner Favoriten:

Café de la Mairie, Place St. Sulpice 8 (6. Arrondissement), Metro: St.Sulpice
Café Marly, Cour Napoléon, (1. Arrondissement), Metro, Louvre-Rivoli
Café Nemours, Place Colette (1. Arrondissement), Metro, Palais Royal

Café/Bar *Nemours*

Café de la Mairie

Meine Eis-Favoriten

In jedem Paris-Reiseführer (schauen Sie in Ihrem nach) wird behauptet: bei Berthillon, auf der Ile Saint Louis, gäbe es das beste Eis von Paris. Deshalb stehen die Touristen aus aller Welt dort Schlange, wie die Lemminge, und zahlen die völlig überhöhten Preise. Ich denke, ein geschickter Werbestratege hat dies mal lanciert, und die Autoren haben es einfach übernommen. Oder glauben Sie, dass sich die Reiseführerschreiber durch alle Eisanbieter von Paris geschleckt haben, um dann dieses einhellige Urteil zu fällen? Selbst ich habe das noch nicht geschafft, obwohl Eis von Frühjahr bis Herbst mein Hauptnahrungsmittel ist, und ich auch vor Geschmacksrichtungen wie Mojito-Litschi und Kardamom-Rose nicht zurückschrecke.

Wie lautet nun mein Fazit? In meiner persönlichen Pariser-Eis-Bestenliste steht Berthillon erst an vierter Stelle! Hier meine absoluten Favoriten:

- An schönen Sommertagen fährt ein weißer Renault 4, Baujahr 1967, auf den Pont Alexandre III und parkt neben bronzenen Putten und Kandelabern. Das Verdeck klappt hoch, *Fabrice Risi* bindet eine weiße Schürze um und voilà, der Eiswagen ist im Nu umlagert. Seit 1930 wird in der Familie von Monsieur Risi Eis hergestellt, der guten alten Geschmacksrichtungen *Fraise, Chocolat*, *Vanille*, *Citron*, *Café* und *Pistache.* Immer frisch und aus besten Zutaten. Mehr Rezeptgeheimnisse verrät *Fabrice Risi* nicht. *Un plaisir de l`instant*, sagt der Franzose gerne: eine Freude des Augenblicks.

- *BIO lait* in der Rue de Lombards 12, unweit des Centre Pompidou. Abenteuerliche und exotische Sorten, wie eine Rosenblüte im Hörnchen verteilt.

- *Amorino,* bestes cremiges italienisches Eis, gibt es glücklicherweise gleich 23mal in Paris, zum Beispiel in unmittelbarer Nachbarschaft zu Berthillon auf der Rue Saint-Louis en Île (Nr. 47). Weitere Standorte unter: **www.amorino.com**

GLACES
GLACES

Törtchen-Kunst

Miss Manon und **Aux Désirs de Manon** sind meine Boulangeries/Pâtisseries „um die Ecke“ wenn ich in Paris wohne. Hier hole ich morgens ein Croissant und *pain au chocolat*, tagsüber frische Baguettes und ständig diese wunderbaren süßen Teilchen, die es so wohl nur in französischen Konditoreien gibt, wo der Meister-Pâtisseur, einem Künstler gleich, mit Farben, Formen und Finesse seine Kreationen entwirft.

Immer, wenn ich im Zug nach Paris sitze, freue ich mich auf diese Köstlichkeiten. Und wenn ich zurückfahre, habe ich stets eine Schachtel voll *Tartelettes aux framboise* dabei, für meinen Sohn, der jedesmal anruft: „Denk an die Himbeertörtchen von Miss Manon!“

Wenn Sie durch Paris flanieren, werden Sie oft in Schaufenster sehen, wo einem diese veritablen kulinarischen Köstlichkeiten das Wasser im Mund zusammenlaufen lassen. Kleine Kunstwerke, in die man kaum wagt hineinzubeißen, weil sie so schön dekoriert sind, im Café Pouchkine zum Beispiel, im Erdgeschoss des Kaufhauses Printemps. Und wenn Sie sich beim Chocolatier Jean-Paul Hévin in der Rue Saint Honoré ein Schokoladenteilchen auf der Zunge zergehen lassen, werden Sie mich verstehen: das pure Glück!

Doch zurück zu Miss Manon. Was gibt es heute: *Pain aux raisins, Crème pistache, Tartelette aux fruits de la passion, la forêt noir, Tarte au citron menringue, Éclair pistache, Vermicelles de crème de marron, Réligeuse, Millefeuille aux fraises, Recettes classiques au chocolat, Paris-Brest…*

Was das alles ist? Lassen Sie sich überraschen!

Boulangerie/Pâtisserie **Miss Manon** und **Aux Désirs de Manon**
Rue Saint Antoine 87 und 129 (4. Arrondissement)
Metro: Saint Paul

Aux Désirs
de Manon
Paris

Öffnungszeiten und Infos

Astier
täglich 12:15-14:15 und 19-22:30 Uhr
www.restaurant-astier.com

Au vieux Colombier
Mo-Sa 8-1, So 11-20 Uhr
Tel: 0033-1-45 44 27 49

Au vin des Pyrénées
Mittags ab 12, abends ab 19 Uhr
Tel: 0033-1-42 72 64 94

Bistrot de la Place
täglich von 12-23 Uhr
Tel: 0033-1-42 78 21 32

Bistrot la Renaissance
Mo-Fr 8-2 Uhr, Sa+So 9-2 Uhr
www.bistrotlarenaissance.fr

Bob's Juice Bar
Mo-Fr 7:30-15 Uhr

Brasserie Balzar
täglich 8-23:45 Uhr
www.brasseriebalzar.com

Café Verlet
Mo-Sa 9:30-19 Uhr, So geschlossen
www.cafesverlet.com

Chez Janou
täglich 12-14 und ab 19 Uhr
www.chezjanou.com

Chez Lena et Mimile
täglich 12-14:30 und 19-23 Uhr
www.chezlenaetmimile.fr

Chez Paul
täglich 12-15 und 19-24 Uhr
www.chezpaul.com

Claus
Mo-Fr 7:30-18, Sa+So 9:30-17 Uhr
Tel: 0033-1-42 33 55 10

Cojean
Mo-Fr 10-16, Sa 11-17 Uhr So geschl.
www.cojean.fr

Crêperie Beaubourg
täglich 12-23 Uhr
Tel: 0033-1-42 77 63 62

Ècaille de la Fontaine
Mo-Fr 12-14 und 19-23 Uhr
Sa+So geschlossen
Tel: 0033-1-47 42 02 99

Eggs & Co
täglich 10-18, Do 11-23 Uhr
www.eggsandco.fr

Fuxia
täglich 9-2 Uhr
www.fuxia.fr

Higuma
täglich 12-15 und 18-22 Uhr
www.higuma.fr

Julien
täglich 12-15 und 19-1 Uhr
www.julienparis.com

Ladurée
Mo-Sa 8:30-19:30, So 10-19:30 Uhr
www.laduree.fr

La Tartine
täglich 8-2 Uhr
Tel: 0033-1-42 72 76 85

Le Bar à Soupes
Mo-Sa 12-15 und 18:30-22:30 Uhr, So geschl.
www.lebarasoupes.com

L` Ébauchoir
Mo 20-23, Di-Sa 12-14:30 und 20-23 Uhr
So geschlossen
www.lebauchoir.com

Les Èditeurs
täglich 8-2 Uhr
www.lesediteurs.fr

Le Fumoir
täglich 11-2 Uhr
www.lefumoir.com

L`Heure Gourmand
täglich 12-19 Uhr
Tel: 0033-1-46 34 00 40

Le loir dans la théière
Mo-Fr 10-19:30 Uhr, Sa+So 9:30-19:30 Uhr
Tel: 0033-1-42 72 90 61

Le Progrès
täglich 9-2 Uhr
Tel: 0033-1-42 64 07 37

Les Éditeurs
täglich 8-2 Uhr
www.lesediteurs.fr

Le temps des cerises (1)
Mo-Fr 8-21 Uhr, Sa+So geschlossen
Tel: 0033-1-42 72 08 63

Le temps des cerises (2)
Mo-Fr 11:45-14:30 und 19:30-23:30,
Sa 19:30-23:30 Uhr, So geschlossen
www.cooperativetempsdescerises.eu

Le vieux Belleville
Mo-Fr 11-15,
Do, Fr und Sa 20-2 Uhr (Chansonabende)
www.le-vieux-belleville.com

Mamie Gateaux
Mo-Sa 11:30-18 Uhr, So geschlossen
www.mamie-gateaux.com

Relais de l`Entrecôte
täglich 12-14:30 und 19-23:30 Uhr
www.relaisentrecote.fr

Übersetzungshilfe

A

agneau	*Lamm*
ail	*Knoblauch*
alicot	*Eintopf*
à l`ancienne	*nach traditioneller Art*
à la bordelaise	*in Weinsauce*
andouille	*Wurst aus verschiedenen Fleischsorten*
asperge	*Spargel*
assiette de charcuterie	*Schinken-/ Wurstplatte*
assiette de fromages	*Käseplatte*
aux choix	*zur Auswahl*

B

Baba au rhum	*alkoholgetränkter Hefekuchen*
bar	*Wolfsbarsch*
barquette	*gefüllte Teigpasteten*
bavette	*Rindersteak*
belon	*bretonische Austern*
blanquette de veau	*Kalbsfleisch*
boeuf	*Rindfleisch/Ochse*
boeuf bourguignon	*Rindfleischeintopf mit Rotwein*
boissons	*Getränke*
bouillabaisse	*Fischeintopf*
bourride	*provencalische Fischsuppe*
bouteille	*Flasche*
brandade de morue	*Stockfischpüree*
brochettes	*kleine Spieße*
brouillés	*Rühreigerichte*

C

cabillaud	*Kabeljau*
café noir	*Espresso*
cagouilles	*Schnecken*
caille	*Wachtel*
canard	*Ente*
Carrés d`agneau	*Rippenstück vom Lamm*
chantilly	*Schlagsahne*
charlotte au chocolat	*Biskuit mit Schokoladenfüllung*
chaud	*heiss*

chèvre	*Ziegenkäse*
choucroute	*Sauerkraut*
clafoutis	*Obst-Auflauf*
cochon	*Schwein*
cocotte	*Schmortopf*
confit	*Eingemachtes*
confit de canard	*eingelegtes Entenfleisch*
coq	*Hahn*
coquillages	*Muscheln*
coquille Saint-Jacques	*Jakobsmuscheln*
coulis	*Püree*
crabes	*Krebse*
crème glacée	*Eiscreme*
crudités	*Rohkost*
courgettes	*Zucchinis*

D

demi	*die Hälfte*
diable	*scharf*
dinde/dindon	*Pute/Truthahn*
doré	*braun gebraten*

E

eau gazeuse	*Wasser mit Kohlensäure*
ecrevisses	*Krebse*
entrecôte grillée	*gegrilltes Steak*
entrées chaud	*warme Vorspeisen*
eperlans	*kleine, frittierte Meeresfische*
epinard	*Spinat*
escargots	*Schnecken*

F

farcis provencaux	*gefüllte Auberginen*
farinettes	*Pfannkuchen*
faux filet	*Rumsteak*
feuilleté de saucisse	*Wurst im Teig*
filet de boeuf	*Rinderfilet*
fines herbes	*Kräutermischung*
foie gras	*Geflügelstopfleber*
foie de veau	*Kalbsleber*
formule	*Mittagsmenü*
fraises	*Erdbeeren*
framboises	*Himbeeren*
fromage	*Käse*

G

ganache	*Schokolandenpudding*
garniture	*Beilage*
gateau	*Kuchen*

gigot d´agneau	*Lammkeule*
girolles	*Pfifferlinge*
gribiche	*Remoulade*
grillade	*Gegrilltes*

H

hachis Parmentier	*Kartoffel-Hackfleisch-Auflauf*
haricots verts	*grüne Bohnen*
hors-d´oeuvre	*kleine Vorspeisen*
huitres	*Austern*

I

ile flottante	*Vanillepudding*

J

jambon	*Schinken*
julienne	*Gemüsestreifen*
jus	*Saft*

K

knepfles	*Spätzle*

L

lapin	*Kaninchen*
légumes	*Gemüse*
lentilles	*Linsen*
loup de mer	*Meerbarsch*

M

magret de canard	*Entenbrust*
menringue	*Baisergebäck*
millefeuille	*Blätterteiggebäck*
moules	*Miesmuscheln*
mornay	*Käsesauce*
morue	*Stockfisch*
myrtille	*Blaubeere*

N

navarin	*Ragout*
navets	*weiße Rübchen*
nouilles	*Nudeln*

O

oeufs	*Eier*
oignons	*Zwiebeln*

P

pain	*Brot*
pain aux raisins	*Rosinenschnecken*
pain d`épices	*Lebkuchen*
pampelmousse	*Pampelmuse*
Paris-Brest	*mit Crème gefülltes Gebäck*
pâté	*Pastete*
pâtes	*Nudelgerichte (Teig)*

pâte feuilletée	*Blätterteig*
pâte levée	*Hefeteig*
pavé	*Fleischterrine oder Gegrilltes*
petit déjeuner	*Frühstück*
pistache	*Pistazie*
pistou	*Nudelsuppe*
plat du jour	*Tagesgericht*
plats	*Hauptgerichte*
pleurotes	*Austernpilze*
poireaux	*Lauch*
poissons	*Fischgerichte*
pommes	*Äpfel*
pommes des terre	*Kartoffeln*
pommes d`Anglais	*Salzkartoffeln*
pommes mousseline	*Kartoffelschnee*
pommes paille	*strohaünne, frittierte Kartoffeln*
pommes sautées	*Bratkartoffeln*
porc rôti	*Schweinebraten*
potage	*Suppe*
pot au feu	*Eintopf*
poulet	*Hühnchen*

Q

Quiches	*Gemüse- oder Speck-Eier-Torte*

R

Recettes	*Rezepte*
rascasse	*Rotbarsch*
ratatouille	*Gemüseeintopf*
ris de veau	*Kalbsbries*
rillettes de canard	*Entenpastete*
riz	*Reis*
rognon	*Niere*

S

Saint-Jacques	*Jakobsmuscheln*
salade verte	*grüner Salat*
saucisse	*Würstchen*
saumon	*Lachs*
sauté de veau	*geschmortes Kalbfleisch*
sole meunière	*Seezunge*
souris d´agneau	*Lammfleisch*
steak tartare	*rohes, gewürztes Rinderhack*

T

tarte tartin	*flache Apfeltorte*
tartiflette	*Kartoffelgratin*
tartines	*Brotschnitten*
terrine au lapin	*Kaninchenterrine*

terrine de gâteau de riz	*Reiskuchen*
terrine de gibier	*Wildterrine*
thon	*Thunfisch*

V

veau	*Kalbfleisch*
velouté	*cremige Suppe*
viandes	*Fleischgerichte*
volaille	*Geflügel*

Je voudrais r´éserver une table pour deux personnes pour demain soir

Ich möchte einen Tisch für zwei Personen für morgen Abend reservieren

Je m`appelle… Mein Name ist…

Nachwort

Alle Angaben waren zum Zeitpunkt der Recherche aktuell. Doch können Restaurants schließen oder sich verändern, das Personal wechselt oder Speisekarten werden neu konzipiert. Deshalb kann ich für die Richtigkeit meiner Angaben keine Haftung übernehmen.

Schauen Sie immer mal wieder auf meine website

www.hella-broerken.de

Hier gibt es Neuigkeiten aus Paris und Aktualisierungen zu meinen Büchern.

Auf facebook können Sie sich mit mir und anderen Lesern und Leserinnen über Paris austauschen, sich jeden Tag ein neues Paris-Foto anschauen und weitere Bistros und Cafés entdecken:

www.hella.broerken/facebook.com

Hella Broerken
PARIS-Spaziergänge
Die schönsten Streifzüge
durch die französische Metropole
List